Sauver le monde pour le changer (et pas l'inverse)

Collection *La Terre en vie*
créée par Pierre Viard

Collection *La Terre en vie*

Cette collection s'intitule *La Terre en vie* car elle porte sur les intersections entre enjeux écologiques, économiques et sociétaux. Elle a comme objectif de contribuer à la description de notre monde tel qu'il existe, avec ses beautés et ses disgrâces, et d'imaginer un monde possible soutenable dans lequel chacun pourra vivre dignement et jouir de ses libertés fondamentales. L'écologie est une problématique mondiale, prendre la Terre comme référentiel paraît donc une évidence. Une Terre en vie, une Terre à vivre, une Terre à partager !

PIERRE VIARD

www.editionsdelaube.com

ISBN 978-2-8159-6834-8

Pierre-Étienne Franc

Sauver le monde pour le changer (et pas l'inverse)

Quand l'urgence énergétique rouvre les possibles

éditions de l'aube

Du même auteur

Le management du client, avec Christopher Hogg, Paris, Eyrolles, 1995.

Hydrogène, la transition en marche, avec Pascal Mateo, Paris, Gallimard, 2015.

Entreprise et bien commun, la performance et la vertu, avec Michel Calef, Paris, Palio, 2017.

« Les hommes oublient toujours
que ce qu'ils vivent n'est pas mortel. »
ROMAIN GARY, *Clair de femme*

*À celles et ceux qui passent les cols
et construisent les ponts.*

Introduction

Pourquoi écrire un livre de plus sur le sujet de l'énergie et du climat ? Pourquoi, quand chaque jour apporte sa confirmation de la réalité du réchauffement climatique, quand il suffit d'ouvrir une fenêtre pour comprendre ce qui approche, quand les chiffres sont inexorablement dépassés par la réalité et qu'à l'évidence nous sommes dans le dur de cette mutation de notre monde, pourquoi ne réagissons-nous pas ?

Nous sommes déjà en train de franchir le cap de la hausse de 1,5 degré par rapport à la période préindustrielle sur la surface de la planète, bien avant les échéances craintes, et nous avançons allègrement vers 3 ou 4 degrés de hausse, des chiffres qui disent surtout qu'il devient complètement impossible de savoir où le mouvement va s'arrêter.

Tout est à ce point évident. Même chez nous, sur nos côtes, dans nos villes, au cœur de nos campagnes, les effets sur nos terroirs, nos récoltes, nos forêts, nos vignes, sur la biodiversité et les nappes phréatiques, tous les signaux les uns après les autres indiquent que le monde comme il va fait souffrir. Il coûte, nuit à la vie quotidienne de chacun et pèsera chaque année un peu plus sur ses fins de mois, en assurances « tempête », en réparations, en climatisation, en manque de recettes, en perte d'efficacité des machines et des usines, en flux migratoires croissants[1]. Tous ces sujets font le quotidien de nos vies et de nos journaux, tous ces petits éléments d'une guerre lente de la planète qui monte, et cependant, malgré tout, nous avançons peu.

Nous y sommes donc – et cela bouscule tout. Il serait fastidieux, peut-être vertigineux, de dresser la liste de tout ce qui, dans nos manières de vivre, de penser et d'agir, est et sera demain encore davantage remis en cause par cette réaction lente mais inexorable de la Terre contre l'homme, depuis qu'il est passé de « maître et possesseur de la nature » à « oppresseur ».

Jusqu'ici, les émissions de gaz à effet de serre n'ont cessé d'augmenter chaque année dans l'ensemble du monde, et les progrès de la transition vers les énergies propres, bien que significatifs, ne suffisent qu'à peine à soutenir la croissance des besoins d'énergie de la planète, et donc contribuent fort peu à l'objectif de réduction. Pourtant, nous savons exactement ce qu'il faudrait faire pour limiter le réchauffement de la planète à moins de 2 degrés par rapport au début de l'ère industrielle – études, rapports, scénarios, projections, absolument rien ne nous manque. Comment expliquer ce hiatus ?

Ce qui est en cours, événement ou enjeu, nous le comprenons bien, dépasse tout ce que nous avons vécu jusqu'alors. Nous ne pourrons donc y apporter des réponses adaptées et durables qu'à condition d'accepter de voir les blocages systémiques qui empêchent de progresser en changeant nos regards et nos approches.

1. On lira sur ce sujet les analyses et travaux de François Gemenne.

Telle est sans doute la complexité du sujet : nous devons complètement changer notre modèle énergétique, et le faire de toute urgence. Mais l'impératif, rationnellement compris, n'est pas ressenti et accepté. On dit souvent que la prise de conscience rationnelle des événements ne suffit pas et que c'est uniquement quand cela touche à l'estomac que l'esprit et le reste se réveillent. La loi du « mort kilomètre[1] » ou l'étouffement de la grenouille sont autant d'analogies qui rappellent que malheureusement seul le danger, imminent, ici et maintenant, fait enfin réagir nos sociétés. Pourtant…

Que se passe-t-il donc qui « ne se passe pas » ? Pourquoi, devant l'évidence, ne parvenons-nous pas à changer ?

Le talon et la pointe

La technique du talon pointé dans la conduite automobile (sportive) consiste à freiner et rétrograder sans à-coups, en évitant le blocage de la boîte de vitesses, qui déstabiliserait la voiture. Elle dépend notamment du bon usage simultané du talon (appuyé sur la pédale du frein) et de la pointe (appuyée sur la pédale de l'accélérateur) du même pied.

Cette technique est plutôt utilisée dans les voitures de course et fortement déconseillée dans la conduite d'une

---

1. La loi du mort kilomètre est utilisée dans les médias pour appréhender l'intérêt possible d'un drame, en fonction de sa proximité physique de l'auditeur. On sera a priori plus sensible à un drame dans son quartier qu'à une catastrophe naturelle causant des milliers de morts dans une île du Pacifique.

voiture classique, notamment parce que l'espace entre frein et accélérateur permet difficilement de jouer sur les deux pédales avec le même pied (pointe ou talon). En donnant une bonne fluidité aux changements de vitesse en course, on gagne du temps et on ménage la boîte de vitesse. Image provocante s'il en est, évidemment, quand il s'agit de parler du climat, d'énergie et de sobriété. Mais ce sont les symboles d'aujourd'hui qui parlent le mieux ! Et les liens sont un peu plus larges que la voiture de course…

Chargé de significations symboliques, le talon du pied est souvent associé à nos racines et nos ancrages identitaires, au même titre qu'il représente une fonction d'appui essentielle dans notre stature et notre marche. Son importance est par ailleurs rappelée dans quelques histoires bibliques et mythologiques fondatrices. C'est le nom symbolique de Jacob (talon en hébreu), qui tient le talon de son frère jumeau à la naissance puis lui prend son droit d'aînesse, pour finir boiteux, frappé par Dieu, avant de revenir dans le chemin de son destin, ancêtre et père du peuple d'Israël.

C'est Achille, frappé en son seul point de faiblesse, le talon, par lequel sa mère Thétis le plongea à sa naissance dans les eaux puissantes du Styx, fleuve des enfers, pour l'immuniser contre toutes les agressions. Et ce fut en ce point de faiblesse qu'Achille fut touché mortellement par une flèche de Pâris, dans les premiers temps de la guerre de Troie.

Dans tous les cas, le talon retient et préserve, point d'appui et point de repli lorsqu'il ne peut plus exercer proprement son rôle. Point que l'on élève pour prendre de la hauteur et une dignité sociale, probablement aussi ce détachement de soi que permettent l'habit et tous les déguisements sociaux qui dissimulent qui l'on est et nous transfigurent, nous « dé-plaçant » proprement de notre place réelle. Talon qui nous rattache à la terre, au monde qui est, à l'immanence de ce que nous sommes, à notre pesanteur irréversible, à l'ici et maintenant. Ce sont aussi les talonnettes des (petits) hommes et les talons aiguilles des femmes, qui les élèvent sur leurs talons comme au-dessus du sol, avec ce galbe de désir qui s'esquisse de la cheville au mollet et révèle la grâce de l'élégante qui marche.

La pointe, prolongement emblématique de l'agilité des danseuses étoiles, qui ne sont que légèreté et envol, signes de cette grâce qui semble vous détacher du monde et vous porter vers le ciel, dans cette esquisse d'essor délivré de la pesanteur terrestre. On y repère aussi cette faculté que la pointe nous offre de soudainement disparaître au monde, en réduisant l'empreinte sonore de nos pas, quand elle n'est pas tout simplement l'aspiration à l'envol et l'accompagnement du saut et de la course. La pointe figure bien souvent une technique, une attitude, une posture, qui tend à nous sublimer, plus hauts que nous ne sommes, plus légers que nous ne marchons, plus rapides que notre foulée habituelle, plus silencieux que ce que notre corps trahit.

La pointe dit l'envol, l'évasion, la grâce. Le talon révèle l'ancrage, les racines, la terre.

Nous aurons besoin de combiner toutes les facettes de ce que nous sommes pour nous remettre en place, repartir sur le bon rythme dans notre histoire commune. Ralentir, reprendre pied et accélérer, pour accomplir tout cela au plus vite, mais aussi en même temps !

C'est en gardant à l'esprit cette image que nous pouvons dérouler ce qui vient, et qui fait la gageure de notre temps.

En nous appuyant sur une rythmique que seule l'architecture si complexe du pied permet de rendre, mais cette fois à l'échelle de nos sociétés. Nous allons devoir combiner l'essor et l'appui, la vitesse et la lenteur, le retour et l'emballement. Et enfin revisiter la manière dont nous marchons ensemble pour cesser de prendre plaisir à courir toujours plus vite, au point d'oublier le sol qui nous porte, sans pour autant nous passer de la course, pour enfin atteindre le point de stabilité anthropologique compatible avec notre monde.

Aller vite… pour ralentir

La réponse que notre modèle de développement peut donner à l'enjeu écologique et climatique porte en effet en elle une contradiction profonde : seule la rapidité de notre adaptation nous permettra d'atteindre la lenteur, la sobriété, la soutenabilité, les technologies douces, quels qu'en soient les formes et les termes, qui sont nécessaires pour nous rapprocher du cycle de la Terre au lieu de chercher, pour notre perte, à l'asservir à nos emballements productifs.

C'est bien d'une vitesse à muter vers un régime de lenteur qu'il s'agit.

Cette vitesse est d'abord celle du déploiement des technologies. Alors que nous avons mis vingt ans à passer de quelques MW à 580 GW[1] par an d'installations d'énergies renouvelables, il faudra qu'en vingt-cinq ans les capacités de production d'hydrogène vert et les capacités renouvelables ou nucléaires associées soient multipliées parfois par cent !

1. Chiffres mondiaux 2024 de l'Irena.

Vitesse également nécessaire dans la mise en œuvre d'accords contraignants entre États pour réduire les rythmes productifs et donc les émissions, quand les contributions prévues déterminées au niveau national[1], non contraignantes, ne suivent même pas un rythme acceptable. Les derniers résultats de la COP29 confirment le grand désalignement des acteurs, sur fond de tensions géopolitiques majeures !

Vitesse également de transformation de nos infrastructures dans tous les secteurs de nos économies : l'objectif n'est rien moins que de reconstruire en vingt ans les infrastructures de transport que nous avons bâties en un siècle.

Vitesse enfin pour déployer les capitaux, privés et publics, et leur accoler des modèles économiques vertueux, très intensifs en capitaux, car il nous faudra bien passer à une économie d'actifs (ou encore de stock de capital) capable de gérer des flux d'énergies renouvelables sous toutes leurs formes – même le nucléaire est une économie d'actifs –, et non plus seulement une économie de *trade (ou encore de flux)*, capable d'optimiser les stocks existants de ressources énergétiques fossiles, ce qui plaide là encore pour l'utilisation massive des ressources du capital

C'est enfin notre propre vitesse, celle des Européens, pour nous doter au plus vite de cette souveraineté essentielle qu'est l'accès à l'énergie et aux bases de la sécurité alimentaire, alors que nous continuons de dépendre bien trop d'énergies et d'engrais fossiles d'un tout petit nombre de territoires aux ambitions stratégiques très divergentes

1. En anglais, *Intended Nationally Determined Contributions* (INDC).

des nôtres, et alors que la révolution conservatrice trumpiste renverse tous les équilibres passés, au risque de nous perdre avec.

Atteindre cette vitesse nécessite d'utiliser au plus fort les ressources mondialisées des marchés financiers et des grands groupes multinationaux, aux côtés des développeurs d'idées et de projets les plus intrépides, mus par la puissance des rêves et l'appétit du gain…, alors même que les ressorts du capital et du marché sont au cœur de notre crise des ressources, de la biodiversité et du climat.

Le défi se présente donc ainsi : d'une part, exacerber les facultés du marché de déployer de l'énergie renouvelable et ses attributs d'usage, l'électron, l'hydrogène et les molécules décarbonées, la digitalisation de toutes nos méthodes de prévision, d'adaptation et de production ; et ainsi multiplier encore par cinq à dix le rythme de déploiement des actifs énergétiques de demain au niveau mondial et les infrastructures de connexion de ces centres énergétiques durables du futur, pour pouvoir vite, très vite… ralentir !

Tel est bien le paradoxe de cette course qui doit changer nos modèles : elle doit accompagner dans le même temps la mutation vers une économie sobre en carbone, qui fonctionne à la valeur et non plus à la quantité, qui valorise le temps et les échanges entre les individus plus que la possession, et tout particulièrement qui enclenche une révision de notre être au monde, cherchant une plénitude en harmonie avec les cycles de nos écosystèmes plutôt que défigurant le temps pour capturer au plus vite le maximum de ressources.

C'est faisable !

Du moins à condition d'agir tout autrement que nous l'avons fait jusqu'alors. Depuis des années, on noie le problème en croyant le traiter, à force de s'en saisir pour essayer de régler tous les sujets dont les sociétés débattent depuis qu'elles font société – le mode de création et de distribution des richesses, la révision de nos modèles de consommation et d'usage de l'énergie, la remise en cause des paramètres de création de valeur, la reconsidération de notre rapport au vivant, mais aussi la résurrection de la question du bien commun comme nouvel avatar du collectif en réponse à la défiance croissante des citoyens devant les États et plus généralement tout dépositaire de la puissance publique…

Le débat sur l'énergie nucléaire, particulièrement en France, fournit une bonne illustration de cette manière enracinée qui fait que, au nom d'idéologies bien ancrées, on se bat sur un sujet qui ne représente que 20 % à peine de notre énergie, qui pourrait peut-être en représenter 40 à 50 %, avec des incertitudes de coûts et de temps majeures, sans s'occuper véritablement du reste, transport et industries, dont les usages et procédés sont d'abord fournis par le gaz et le pétrole !

Certes, puisque ce monde-ci nous mène à la perte, il n'est pas illégitime d'utiliser le climat pour *de nouveau* tenter de le changer, et par là repenser notre rapport à la richesse, à la valeur, à la démographie aussi, notre manière d'être au monde, d'être ensemble, d'être reconnu ou d'être heureux – c'est-à-dire passer d'une vie centrée sur l'avoir à une vie centrée sur l'être et le rapport aux autres.

Certes, changer le monde est peut-être la seule utopie qui dure, depuis que le monde est monde.

Toutefois, attendre d'avoir changé le monde pour réduire nos émissions de carbone est non seulement insensé, mais encore dangereux. Et, puisque selon toute vraisemblance le grand soir n'est pas pour demain, il faut agir en attendant, d'autant qu'avant l'hypothétique mise en œuvre d'une sobriété heureuse, les besoins en énergie ne vont pas disparaître et s'effondrer d'un coup.

C'est effectivement faisable, à condition que les modèles de valeur, les codes de la réussite implicites ou non de nos sociétés favorisent ceux qui déploient vite des actifs durables et ceux qui imaginent une société qui se calme, les acteurs qui connectent les futurs réseaux d'énergies bas carbone et acceptent d'écouter ce que disent ceux qui luttent pour bousculer nos modèles consuméristes et productivistes essoufflés…

À l'évidence, il n'est pas possible de changer notre monde suffisamment vite pour le sauver. Nous n'avons plus le temps de livrer les batailles politiques et géopolitiques qui seraient nécessaires. Chaque COP marque la difficulté croissante du monde à se parler et à avancer ; les enjeux de souveraineté, politique comme économique, et de pouvoir d'achat sont bien plus lourds quand il s'agit de trancher entre la sagesse et l'intérêt. La raison est à la collaboration, mais le cœur est égoïste.

Cependant, la ruse de l'histoire nous ouvre des portes d'accélération. La crise climatique se double d'une crise géopolitique majeure qui porte en elle les germes d'un salut, et chaque grande zone économique a compris, au-delà des questions systémiques, politiques et civilisationnelles, que la question d'un nouveau modèle énergétique constitue potentiellement une source considérable de leadership économique, technologique et moral, triptyque moderne d'une puissance dominante.

Dans cette guerre des ressources qui gronde, certaines puissances et certains continents doivent réagir plus que d'autres. Européens, Coréens, Japonais, Taiwanais et Singapouriens – sans compter bien sûr la plupart des îles du Pacifique et de l'Atlantique – nous sommes les seuls contraints à une dépendance énergétique qui demeurera, quels que soient les modèles. Mais un élargissement des ressources au-delà du fossile renforcerait notre capacité à l'autosuffisance et élargirait la diversité de nos accès.

Ainsi s'énonce le paradoxe climatique : il n'est pas impossible que, pour des raisons liées au désordre du monde et à notre propre injonction d'agir, se produise un alignement salutaire.

Énergie année zéro : repenser notre modèle énergétique

Centre nerveux de nos sociétés, l'énergie est le moteur effectif de leur développement. Elle participe de ce qui a construit progressivement notre humanité, à savoir la capacité, avec l'art, de nous projeter hors du monde et de le transformer, au point d'être devenue aujourd'hui tout autant la manifestation que la cause principale de l'*hubris* des hommes, également la source possible de leur perte.

L'énergie nous a permis de grandir et de nous libérer des contingences climatiques, de l'adversité, puis, au fil de l'histoire, de modeler le monde selon nos rêves, de nous déplacer plus loin, plus vite, en repoussant à chaque révolution énergétique les frontières de l'espace et du temps.

L'histoire même de nos usages et de nos ressources énergétiques illustre les progrès techniques que nous avons accumulés dans la compréhension du monde et dans l'utilisation de ses ressources, et le caractère mortifère de notre système économique toujours plus productif et donc énergivore. Enfin, insérée au cœur de nos modèles productifs et économiques, et alors même que sa contribution marchande à la croissance et à la richesse mondiale est souvent considérée comme modeste – son poids dans le PIB est très difficile à quantifier, quant à sa contribution à l'investissement mondial, elle oscille entre 2 et 4 % du PIB –, elle façonne cependant une grande partie des enjeux géopolitiques sur lesquels le monde manque de s'abîmer depuis des décennies. La question de l'énergie ouvre ainsi toutes les questions qui façonnent notre être au monde, notre niveau de richesse, l'efficacité et l'intensité de nos dépenses énergétiques, notre démographie, le degré de carbone de l'énergie utilisée. En somme, c'est une succession de matriochkas qui s'ouvre avec la question énergétique, où se trouvent toutes les causes premières et les conséquences inévitables de la situation actuelle, notre rapport au vivant, le consumérisme, notre conception du bien-être, le productivisme, le rôle d'accélérateur ou non du capitalisme ultra-libéral, les inégalités sociales et climatiques. L'énergie qui constitue notre identité comporte en elle-même les ingrédients de notre fin ou de notre salut.

Par conséquent, quoi qu'il advienne du fonctionnement de nos sociétés et des modèles énergétiques qui organisent nos manières de nous chauffer, de nous déplacer et de transformer le monde, nous ne pourrons pas nous passer d'énergie.

Chaque année le monde puise, surtout du sous-sol (charbon, gaz, pétrole) et secondairement du soleil et du vent, 620 exajoules[1], soit à peu près 2 exajoules par jour d'énergie primaire disponible. Il en consomme de manière effective, venant d'une prise de courant, d'un réservoir de voiture, d'une chaudière, ou contenue dans les objets de notre quotidien, environ 370 exajoules, soit à peu près 1 exajoule par jour. Remarquons que cela pose déjà aujourd'hui une question d'efficacité : notre manière de vivre et de produire induit déjà une grande perte entre l'énergie extraite et celle qui est disponible pour nos besoins.

Nous allons devoir transformer radicalement notre consommation d'énergie : consommer moins, et aussi produire mieux.

Tous les modèles énergétiques mondiaux visant la neutralité carbone ont pris en compte que nous allons devoir consommer de l'énergie différemment, puisqu'ils tablent sur un doublement de l'efficacité énergétique dans les trente prochaines années[2] – une véritable gageure.

---

1. 1 joule d'énergie correspond à l'énergie requise pour soulever une pomme de 100 grammes à un mètre au-dessus de la surface de la Terre. Une ampoule standard de 100 W consomme 100 joules par seconde. Courir sur un tapis de course 10 heures par jour et 300 jours par an représente 1 gigajoule. Un vol retour de Singapour à Paris consomme 100 gigajoules d'énergie par passager. Un exajoule représente 10^{18} joules, ou encore 277 TWh, soit la production en base sur 7 000 heures d'environ 40 réacteurs nucléaires. On dit parfois ainsi que la consommation énergétique de la France (électrique et non électrique) représente environ 5 jours de la consommation mondiale.
2. Source : *Report on Energy Efficiency*, IEA, 2022.

Ainsi, toutes les grandes organisations et les think tanks versés dans l'énergie, souvent dénoncés pour leur alignement sur le courant libéral mainstream, ont internalisé sans le dire dans leur modèle une partie de la réponse « décroissantiste ».

Oui, nous allons devoir consommer moins, par tête, par équipement, par an, quelles que soient les unités ! La simulation « mainstream » est seulement linéarisée sur trente ans et ne passe pas par le choc d'un grand soir, mais le résultat final est identique[1].

Même si une partie du monde se mettait à « vivre à la bougie », il nous faudra quand même répondre à une demande mondiale finale en énergie à peu près équivalente à celle qui est la nôtre aujourd'hui, soit environ 1 exajoule d'énergie par jour, et émettre *in fine* en moyenne moins de 2 t/an et par habitant de tonnes de CO_2 équivalent. Vivre avec un objectif d'émission de 2 t/h/an, qu'est-ce ? Cela nécessiterait en quelque sorte de manger essentiellement végétarien, se déplacer presque exclusivement à pied ou en transports en commun, éviter de chauffer le logement ou de le climatiser (je parle dans nos zones européennes) et limiter les usages électroménagers au minimum nécessaire.

1. La différence réside dans la structure du modèle en sortie, très peu émetteur de carbone dans les cas les plus « écologiques », avec une quasi-disparition des énergies fossiles contre le maintien d'un socle d'énergie fossile non négligeable dans les modèles plus classiques, assortis d'un gros effort de capture et de stockage du CO_2 produit ou de relance des puits de carbone que constituent les forêts et tous les écosystèmes qui se nourrissent du CO_2 pour se développer.

Autant dire que les voyages en avion seraient quasi proscrits et les loisirs plus contemplatifs. Le recours juste aux services publics abondants et structurés de pays comme le nôtre représenterait à lui tout seul 75 % des 2 t/h[1] !

Certes, le taux de consommation énergétique par tête n'est pas un indicateur corrélé au bonheur, même s'il l'est en partie au niveau de vie. Vu comme cela, ça ne fait pas rêver ! On constate en effet que l'indice de développement humain (IDH) des pays les plus avancés ne change plus dès que les consommations d'énergie par personne et par an dépassent les 100 GJ. Autrement dit, entre la demande primaire en énergie des États-Unis ou de l'Arabie saoudite (autour de 300 GJ/habitant/an) et celle de l'Italie ou de l'Espagne (autour de 100 GJ), la France étant à 150, on ne constate pas de hausse de l'IDH[2]. Certes, il est également probable que le monde puisse vivre heureux avec une consommation individuelle d'environ 75 GJ/personne/an de besoins en énergie de base, et non de 300 GJ comme dans les pays les plus énergivores[3] USA et puissances pétrolières. Mais cela signifie quand même des besoins supérieurs de moitié à ceux d'aujourd'hui, compte tenu de la fameuse équation du climat[4] et d'une

1. En prenant comme référence les chiffres de la simulation proposée par l'Ademe.

2. Source : Shell / ONU – 2014.

3. Plusieurs analyses de corrélations entre la consommation d'énergie par tête et l'indice de développement humain montrent une stabilisation des progrès autour de 75 GJ/h/an.

4. L'équation dite de Kaya, d'un professeur japonais sur les questions climatiques, consiste à déplier les émissions de CO_2 liées aux activités humaines en une série de rapports qui mettent

stabilisation de la population mondiale qu'il faudrait espérer autour de 9 milliards[1].

Ce n'est pas tout. En plus de cette baisse de la consommation d'énergie, il faudra produire cette énergie plus efficacement et sans carbone. À quoi bon en effet réduire nos besoins énergétiques si les émissions de CO_2 se maintiennent au même niveau, entre 30 et 40 milliards de tonnes ? On aurait seulement évité de réchauffer la planète de 6 degrés. Les experts du climat affirmaient il y a quelques années que le « stock » d'émissions nettes de carbone (CO_2) qui était encore à notre disposition pour contenir le réchauffement sous les 2 °C était de l'ordre de 1 100 milliards de tonnes[2] ; ce réservoir, à raison d'une consommation annuelle d'environ 40 milliards, sera entièrement saturé en 2050. Pour 1,7 degré, il ne représente plus que quinze ans au rythme actuel[3].

---

en lumière à quel point effectivement notre modèle économique et de société est au cœur de la problématique énergétique et climatique. Ainsi, les émissions de CO_2 se présentent comme le rapport de notre démographie, le CO_2 émis par tête, le CO_2 émis par unité de production nationale brute, lui-même étant le résultat de la consommation énergétique par unité de PIB et de la part de CO_2 émis par unité d'énergie, soit toutes les composantes d'une redéfinition de notre être au monde (CO_2 = population x (PIB/population) x (énergie/PIB) x (CO_2/énergie).

1. Les dernières prévisions de l'ONU indiquent un scénario médian proche de 11 milliards.

2. On parle ici des émissions anthropogéniques hors du cycle émissions/absorption naturel de la Terre.

3. « Global Carbon Budget », *Earth System Science Data*, 2023.

Produire de l'énergie propre afin de réduire drastiquement nos émissions nettes de carbone de 41 milliards à zéro signifie d'abord produire de plus en plus d'énergie à base d'électricité propre, n'émettant pas de carbone, c'est-à-dire de l'énergie renouvelable (solaire, éolien, hydroélectrique, biomasse) ou nucléaire.

Deuxièmement, quelles que soient les illusions des plus optimistes, le monde ne va pas passer à un modèle sans énergie carbonée, car l'avantage principal de celle-ci, qu'il s'agisse de pétrole, de charbon ou de gaz, est qu'elle est pilotable, se stocke et se libère en fonction des besoins et qu'elle produit, libère ou convertit du carbone, dont on a besoin dans de nombreux domaines. L'électricité au contraire n'est pas disponible en permanence et, quand elle l'est, elle est soit utilisée, soit perdue ; certes elle peut être stockée dans une batterie, mais pour une courte durée. Le monde aura donc toujours besoin d'une part plus ou moins importante d'énergie stockable et si possible pilotable, ce qui signifie souvent un appoint d'énergie non électrique, mais physique (gaz liquide ou solide) et très souvent contenant du carbone, qu'il faudra, quand il est émis, soit capturer et séquestrer, soit piéger pour le réutiliser.

Ce qui conduit au troisième point : il nous faudra trouver le moyen d'augmenter les capacités naturelles de la Terre d'absorber du CO_2. Les forêts et les océans sont en effet des puits de carbone : la croissance des arbres contribue à capter le CO_2 atmosphérique. Il nous faudra donc ajouter des puits de carbone, reforester, afforester.

Chacun de ces sous-sujets constitue un énorme défi, qui est coûteux et surtout prend bien plus de temps que toutes les révolutions digitales par lesquelles nous sommes passés dans les trois dernières décennies.

Un chiffre peut donner la mesure de la difficulté. La France consomme annuellement 5 jours de l'énergie mondiale, c'est-à-dire que la consommation française annuelle est l'équivalent de 5 exajoules (1 500 TWh), de sorte que transformer 1 exajoule par exemple reviendrait à doubler la production électrique en France[1]. Rome ne fut pas faite en un jour, et cette tâche-là non plus...

Aujourd'hui, dans le mix énergétique mondial, 20 % de la consommation est d'origine électrique et tout le reste consiste en gaz, charbon ou pétrole pour les usines, les voitures, le chauffage, sans parler bien sûr de leurs usages pour générer l'électricité citée plus haut, à près de 80 %... Le consensus est à peu près général sur l'idée que la capacité à électrifier, c'est-à-dire à passer de 20 % à 40 % d'énergie d'origine électrique, voire plus, sera réalisée par des énergies renouvelables ou non carbonées.

Doubler l'énergie renouvelable signifie multiplier par vingt la capacité d'énergie renouvelable installée actuellement dans le monde. L'année dernière (en 2024), et ce fut un record dans l'histoire, près de 600 gigawatts de capacité d'énergie renouvelable ont été installés, dont les deux tiers en Chine, représentant donc à elle toute seule l'installation en une année d'un productible électrique capable de couvrir le double des besoins électriques français. Le treizième travail d'Hercule qui se présente devant nous s'énonce ainsi : installer cette capacité chaque année pendant vingt ans.

1. Ces chiffres ne tiennent pas compte de l'énergie « grise » à savoir importée/contenue dans les produits et services importés en France.

Cela représente des centaines de milliards d'euros par an, auxquels s'ajoute le coût des réseaux pour transporter l'énergie dans les bassins de consommation, dont on ne cesse d'actualiser à la hausse le montant et le temps de déploiement – pour la seule Europe on parle de plus de 800 milliards d'euros, un rythme quatre à cinq fois supérieur pendant vingt ans au rythme actuel des opérateurs de réseau électrique et qui devient clairement le principal nœud à la mise en œuvre du plan de transition européen qui passe par une électrification considérable des usages, dans une course contre le temps et les budgets très peu réaliste dans le cadre de nos gouvernances européennes actuelles.

Pour atteindre cet objectif, les investissements nécessaires s'annoncent considérables, mais aussi prennent du temps. On estime qu'il faut investir dans le monde chaque année pendant les vingt prochaines années plus de 5 trillions d'euros[1], c'est-à-dire le double du PIB français et 3 à 4 % du PIB mondial, pour atteindre le rythme de déploiement d'infrastructures bas carbone renouvelables qui nous permette de tenir nos engagements[2]. Nous avons déjà réussi à accélérer à très vive allure le déploiement des énergies renouvelables, passant en deux décennies seulement de quelques MW à plus de 500 GW/an, avec des rythmes d'investissements qui atteignent près de 40 % des

1. 1 trillion (abréviation : Tn) d'euros = 1000 milliards d'euros selon le sens américain du terme « Tn ».

2. Les estimations du rapport de Jean Pisani Ferry et Selma Mahfouz de juin 2023 sur le sujet pour la France sont sur des ordres de grandeur similaires à l'échelle française (66 Mds/an, soit 2 % environ du PIB français).

investissements dans l'énergie aujourd'hui. C'est considérable. Mais il faut multiplier ces chiffres par près de dix pour gagner le bon rythme.

Comment trouver rapidement ces financements ?

Les enjeux de ces changements de modèle – taille, localisation, modification des équilibres géopolitiques... –, sont tels que les objectifs ne peuvent pas être atteints partout de la même manière, ni par la mobilisation des mécanismes de marché classiques.

On peut débattre à l'infini, passer du temps à discuter de la répartition des richesses, mais il faut d'abord produire propre, vite et partout. Fondamentalement, si l'on n'accélère pas le déploiement de ces infrastructures de substitution produisant des énergies propres, on aura beau avoir changé le monde, on ne l'aura pas sauvé !

Dans ces conditions, comment, en étant conscient de ces déséquilibres, peut-on quand même avancer ? Quelle doit être la part de la pointe et celle du talon ?

Les climanomics

Plusieurs débats essentiels sous-tendent ce que nous devrions voir émerger en urgence et partout pour réaliser ces avancées décisives : les « climanomics ». La capacité à mettre en œuvre les modèles économiques et financiers pour réaliser le pari fou de rebâtir en trente ans ce que nous avons mis cent cinquante ans à construire, c'est le rôle de la pointe avancée de notre modèle : l'exacerbation des forces de déploiement, d'imagination et de projection pour atteindre au plus vite un point de stabilité énergétique.

La capacité, dans le même mouvement, à revisiter nos modèles d'être au monde, en tant que sociétés, individus et appartenant à une collectivité, pour transformer notre empreinte carbone, notre manière de consommer, de nous chauffer et de nous déplacer, et ainsi les codes de l'échange, de l'avoir et de l'être qui tracent notre vie sociale et disent notre bonheur ou notre détresse, c'est l'ensemble des signes d'une civilisation qui se recompose, c'est le rôle du talon : notre ancrage biologique et terrestre, notre retour dans le monde vivant.

Ce livre entend nourrir les débats qui surgissent inévitablement de ces deux mouvements aussi contradictoires que nécessaires, mais qui, correctement agencés, peuvent faire redémarrer nos sociétés sur un engrenage durable.

Il intervient aussi au moment où notre situation en tant qu'Européens, isolés énergétiquement dans un monde qui se fracture et se tend, nécessite urgemment de renforcer nos outils de sécurité et de souveraineté énergétique et alimentaire, pour durer. Sans parler de la crise de nos modèles de création de valeur économique, coincés que nous sommes entre le règne digital des États-Unis et la souveraineté industrielle chinoise, désormais quasi complète. Nous disposons bien sûr de l'espace économique et de vie probablement le plus sûr, le plus structuré et le plus attractif au monde, mais nous semblons incapables d'édifier les bases d'un modèle économique qui tienne sa place entre les deux géants et affronte tous les géants émergents qui montent en gamme et en compétitivité. Il ne peut donc faire l'impasse de cette urgence, qui pourrait nous aider à accélérer les mutations à mener.

Pour répondre aux enjeux de la transition énergétique, nous devons accepter de revisiter le rôle des trois ordres qui façonnent désormais nos sociétés.

Le premier concerne le rôle des puissances publiques pour traiter les questions des coûts et du qui va payer. Il nous amène inévitablement à revoir la doxa officielle en matière de dette et de dépense publique, ou encore les formes de dépenses fléchées qui seront nécessaires pour reconstruire nos actifs, et à accepter que certains territoires aient demain plus à faire que d'autres. Et enfin à juger de notre rapport à la décision publique : de la manière dont la puissance publique doit ou pas intervenir pour faire émerger une révision de notre être dans le monde.

Le deuxième concerne la place – à réajuster – des agents économiques privés et de l'économie de marché telle que nous la vivons actuellement. Il est illusoire de croire que nous parviendrons à cette mutation en continuant à appliquer les règles pures du marché. Mais il l'est tout autant de penser que seules des économies administrées permettraient de répondre aux enjeux. La réflexion sur ce sujet rouvre violemment la question de notre rapport au capitalisme, de sa pertinence économique et ontologique. Existe-t-il des raisons d'en sortir, ou simplement de mieux le contrôler ? À quoi ressemblerait le capitalisme d'une société qui valorise plus le temps et les relations interpersonnelles, et moins la production et la consommation de biens ?

Le troisième concerne notre rapport de citoyen et d'acteur consommateur de la société civile à ce qu'est vivre. Qu'est-ce que cette crise signifie de notre rapport au monde vivant, à nos écosystèmes et à ce qui n'est pas l'humain, et dans quelle mesure révèle-t-elle l'obsolescence et l'inadaptation des cycles auxquels nous nous conformons ?

Dans ce trio d'acteurs le rôle de chacun est complexe. Pour avoir pu le vivre presque sous chaque angle, en tant qu'industriel, mais aussi à la tête de la gouvernance d'agences publiques-privées de financement de programmes et de groupements industriels multinationaux sur ces sujets, et désormais par engagement personnel et comme investisseur dans le développement de l'économie de l'hydrogène, j'utiliserai un bref détour par cette facette de la transition pour ouvrir la question.

Une tension permanente traverse les propos, qui interpelle essentiellement le politique, et donc chacun d'entre nous. Elle porte sur les limites et les effets de bord ou de non-retour, les mauvais couples du talon et de la pointe. Elle nous interroge sur les risques : le risque de la patine à ne rien faire, le risque du tête-à-queue à agir trop vite contre les populations, le risque de la rupture de couple à se parer de technoscience pour ne rien changer, le risque de l'emballement peut-être, celui encore de cyniquement renforcer les puissances les plus polluantes pour qu'elles arrêtent de polluer. Jusqu'où peut aller l'efficacité pour avancer, au regard de la justice et de la morale ? Payer les pollueurs pour qu'ils sortent du pétrole, est-ce moralement acceptable ? Comment alors cela peut-il rebattre les cartes du partage des rentes et des richesses ?

La tâche qui est devant nous consiste bien à déterminer quel est le bon jeu du talon et de la pointe, et qui doit jouer quoi. À trouver le bon tempo pour ce mouvement mélodique qui doit conjuguer accélération et protection, puissance des forces du marché et réévaluation de nos rythmes de vie. La nécessité de repenser notre modèle énergétique induit celle de tout changer, maintenant.

Les Européens ont une partition propre à jouer dans ce concert : pour nous, la mutation à mener présente une dimension existentielle, tandis qu'elle n'est vécue par d'autres que comme une opportunité. De là notre rôle, mais aussi possiblement notre futur.

1
Course témoin : détour par le talon et la pointe dans l'économie de l'hydrogène

L'organisation du monde où nous vivons, pensons et agissons, résulte de plusieurs siècles de répartition des rôles dans la cité : d'un côté, ceux qui organisent la vie de la cité, plus ou moins étroitement liés à ceux qui produisent et financent, et enfin, en nombre bien supérieur, le reste de la nation, qui voit la chose économique se dérouler entre les mains de ces acteurs économiques ou financiers, soit une grande masse de travailleurs, dont la structure et la contribution ont fortement évolué pendant les cinquante dernières années[1].

---

1. Il ne s'agit pas ici de reprendre ou corriger le schéma trifonctionnel développé par Georges Duby, dans la suite des approches de Mousnier, des ordres de ceux qui prient, ceux qui combattent et ceux qui travaillent, mais de focaliser la question sur les enjeux économiques. Par ailleurs, l'affaiblissement en Occident du fait religieux conduit probablement à revisiter les figures qui représentent aujourd'hui l'ordre spirituel de nos sociétés, qui sont à chercher dans un vaste univers d'influenceurs intellectuels, allant des réseaux sociaux aux populismes tribuniciens, en passant par les

Or il n'est pas rare que les décideurs politiques soient dépourvus de toute forme de compétence économique et financière, ce qui ne leur ôte cependant pas la force du verbe et de l'imaginaire pour convoquer les foules et les entraîner derrière eux, quoique ces derniers temps cette force ait faibli et que les foules se soient nettement clairsemées.

Dans le monde économique, les relations entre la finance et notamment l'industrie restent un peu figées, même si l'éclosion d'une version développée des acteurs du monde des fusions et acquisitions en fonds d'investissement a rendu la frontière de plus en plus poreuse entre industrie et finance, notamment dès qu'il s'agit de déployer des actifs importants dans l'industrie, l'énergie ou les services collectifs, ou d'accompagner des entrepreneurs de tous secteurs de l'industrie ou de la grande consommation, dont les besoins de financement dépassent les possibilités des réseaux interpersonnels.

Situés entre tous ces mondes, et les impliquant de manière transverse, quelques sujets portent des enjeux tellement considérables que le fait de savoir qui doit les porter, les réguler ou les appuyer devient très incertain, tant l'intrication des besoins est forte. Il ne s'agit plus simplement d'interdire ou d'autoriser telle ou telle pratique concurrentielle, ni de capturer un marché tiré par l'éclosion de technologies que leur nouveauté rend séduisantes et qui permettent de rendre des services individuels inédits et dotés d'une présomption d'utilité, donc probablement solvables.

---

mouvements identitaires, religieux ou non, eux-mêmes fédérant derrière eux des pensées d'être au monde dont la puissance et l'influence varient fortement et créent une société très hétérogène et possiblement fracturée.

C'est évidemment le cas du climat et des questions que sa crise (ainsi que celle à la fois parallèle et spécifique de la biodiversité) pose à nos modèles de croissance, de production et de ponction – de dégradation – du monde qui nous entoure, au point de le rendre potentiellement incapable de suivre notre appétit insatiable de nous déplacer et façonner la nature, et de nous amener à notre perte. Un sujet qui appelle, de fait, la mobilisation de toutes les forces de nos sociétés et une approche ouverte sur leurs rôles respectifs.

D'où l'on vient

Chacun vient de quelque part, et le chemin dit peut-être plus que tout le reste de ce que l'on pense. Ainsi, pour mieux incarner le sens de mon propos, ce qui l'anime, je vais faire un court détour par mon parcours et mes ancrages dans cet univers singulier de l'énergie. Je n'étais en effet pas destiné, ni par ma culture, ni par mon éducation, ni par ma formation, à devenir un acteur des questions énergétiques. Mais les circonstances m'ont conduit de fait à œuvrer au cœur d'une de ces micro-révolutions qui fabriquent la transition énergétique que nous sommes en train de vivre. J'ai pu ainsi et je continue depuis maintenant près de vingt ans de participer à faire advenir les grands axes de l'économie de l'hydrogène comme complément de l'électrification directe au fondement du système énergétique de demain. J'ai eu la chance d'agir au titre des multiples forces de la société mobilisées : en tant qu'industriel, à la tête d'agences publiques ou de groupements d'industriels ou encore maintenant en tant qu'investisseur. J'ai ainsi vu, et je continue à voir, les succès et les échecs des approches à mettre en œuvre pour à la fois accélérer les mutations de procédés et de comportement de nos industries et de nos systèmes de transports, et en profiter pour réduire ou revisiter notre manière de produire et de consommer.

Je n'y étais pas destiné, puisque né dans une famille de grands serviteurs de l'État. Droit public d'un côté, médecine publique de l'autre. Ainsi, je ne me souviens pas que la question de l'entreprise ait été un sujet de conversation dans les réunions de famille de toute mon enfance ; à peine puis-je trouver un nom de société cité dans un dîner ou une discussion, autre peut-être qu'EDF, pour qui mon père, conseiller d'État, et mon grand-père maternel surtout, également conseiller d'État, assurèrent un long temps une légère assistance juridique. En revanche, la chose publique, la politique, leurs interactions, le bien public et sa protection, la manière dont l'État lentement cédait du terrain face aux forces « avides » du marché, étaient des thèmes récurrents, sans que pour autant ils ne nourrissent de manière nette un positionnement politique de gauche chez mes parents. Mon père disait souvent : « Ma raison est à gauche, mais mon cœur est à droite »... De l'autre côté, un oncle maternel avocat pénaliste, vite parti dans le soutien des faibles et l'activisme de gauche engagé, aussi brillant qu'ambivalent tant sa vie d'engagements restait à cheval entre Montreuil et le 16e. Ma mère, enfin, conscience morale de l'Assistance publique, sûre de ses convictions mais toujours inquiète des risques du monde de l'argent et de la politique, à la fois dans et hors du microcosme parisien, m'offrait du monde un regard inclassable, une intuition étonnante, et l'exigence de toujours questionner. Prévalait ainsi une certaine ambivalence, mêlant un classique conservatisme bourgeois et une forme d'acceptation intellectuelle du rôle des forces vives du marché – il appartenait aux entreprises de produire les marchandises et les biens, l'État se chargerait du reste, activation, protection, éducation, pondération, distribution et contrôle, somme toute, de l'essentiel !

Ces idées au milieu desquelles je grandis forgèrent probablement cette conviction que, si la puissance publique n'est pas toujours respectueuse du « bien commun », elle garantit cependant un espace de vie collective qui soit homogène dans ses règles et dans ses principes. Cette conviction est restée un point d'ancrage central tout au long de ma vie professionnelle.

Pas destiné non plus par ma formation, puisque j'arrivai à HEC sans motivation professionnelle particulière, uniquement parce qu'entre les lettres (une mémoire trop défaillante) et les sciences (une rationalité plus conceptuelle que mathématique) l'« excellence académique » trouvait finalement son équilibre, par défaut, dans ces écoles généralistes, qui demandent beaucoup à l'entrée et en retour nourrissent assez peu intellectuellement, presque par volonté consciente de ramener les élèves à la vérité en triptyque du monde de l'entreprise, l'efficacité, l'organisation et la performance – des réalités très simples après les grandes joies intellectuelles de l'histoire, de la littérature, de la philosophie et des mathématiques. Je découvris alors avec une neutralité un peu distante, voire méfiante, le monde de l'entreprise et de l'argent, qui n'avait jamais éclairé l'horizon de mes intérêts et de mes envies.

La carrière, là aussi, presque aléatoire en ces débuts, me mit dans les mains de l'industrie chimique, au sein du groupe Air Liquide et m'amena progressivement dans les bras de l'énergie.

On ne sort pas éternellement de ses racines et de sa culture. Après avoir pu former mon jugement et éprouver mes intuitions, mes forces et faiblesses en position de management dans l'entreprise, mâtinées d'esprit critique et de volonté de faire bouger les lignes, l'arrivée des sujets liés à la transition énergétique dans mon champ de responsabilité m'offrit l'occasion de réunir mon passé et mon futur autour d'un sujet très ouvert.

Peut-être, sous l'inspiration des idées d'Arthur Koestler sur les approches respectives du yogi et du commissaire pour faire advenir les changements, est-ce le choix de l'approche inclusive, collaborative, de l'intérieur des yogis pour faire bouger les lignes qui me porta finalement à prendre à bras-le-corps cet univers si singulier des forces privées. Non que ma carrière professionnelle se soit construite comme une forme consciente au premier chef d'entrisme dans le monde de l'argent pour l'orienter davantage vers la cause commune, loin de là. Pourquoi ai-je joué l'entreprise quand tous les modèles autour de moi venaient du public ou du droit ? Peut-être par crainte de l'ombre paternelle, trop érudite, brillante et structurée pour m'y étalonner directement, et pas assez créative pour vraiment m'inspirer, et parce que la puissance intuitive et charismatique de ma mère m'invitait (bien malgré elle) à jouer la liberté et à suivre les pistes ouvertes. Toujours est-il que j'y découvris avec passion les délices de l'industrie dans l'un de ses fleurons, et l'immense efficacité des organisations centrées sur des métriques de performance normées et tangibles, avec l'appui et le support des meilleurs ingénieurs français de nos générations, dotés de ce goût de la chose avant celui des hommes et du pouvoir souvent, qui permettait aux ignares venant de l'autre bord de jouer leur partition correctement. Et très vite j'y décelai aussi, par le prisme de mon éducation, ce qui n'était pas présent, non point par refus, désintérêt, mais simplement défaut d'anglage, centrage assez classique d'une entreprise sur son terrain de nage comme on dit, pas contre ni pour, simplement pratiquant son art dans un monde industriel où les interactions avec les questions publiques restaient assez classiques. Venant d'un monde radicalement différent, intéressé par les questions politiques et publiques, je vécus et regardai tout cela avec une approche et un questionnement particuliers, ce qui me conduisit au fil du temps à systématiquement ouvrir les lignes (métiers, géographies, pratiques de management ou de coopération industrielles) malgré moi pour créer davantage d'espaces de jeu. Principalement selon des logiques de coopérations et d'alliances, avec des clients, avec des fournisseurs, avec des concurrents, avec d'autres acteurs d'autres univers, quand il s'est agi de construire des coalitions mondiales, ou encore même avec la puissance publique, ce qui là aussi n'était pas le terrain de jeu naturel.

Ces années à développer, investir et piloter des activités à travers le monde ne changèrent pas non plus mon regard sur la manière dont le secteur privé fonctionne, ses stratégies de recherche d'intérêt propres parfaitement légitimes, mais qui, quand il s'agit d'un sujet aussi complexe que le climat, ne peut pas avancer seul. Le privé aura beau argumenter à loisir, si le cadre des échanges n'est pas fixé, si les règles du marché ne sont pas claires, si le régime politique et administratif n'est pas stable, si les infrastructures indispensables, routes, chemin de fer, services publics, ne sont pas disponibles, tout business vertueux est impossible – ou la loi du plus fort s'impose, qui ne fait gagner que ceux qui sont déjà les plus forts, et rarement les plus raisonnables.

Je saisis rapidement au fil de ma carrière les interstices de liberté offerts afin de mener plus ou moins sérieusement quelques travaux d'expertise, de soutien à des groupes de réflexion ou d'action politiques, comme candidat éligible lors des élections européennes pour la semaine de quatre jours, ou d'animation de groupes techniques, dans la pensée de la gauche productive. En naissait la possibilité de contribuer peu ou prou, à côté, à la chose publique, mais pas suffisamment, mal, parce que seul fonctionne selon moi l'alignement, le corps et l'esprit ensemble penchés sur une même mission qui rassemble en un tout la cause commune et les intérêts particuliers. L'unité d'action et de cœur, hors de cela, point de salut.

C'est ainsi du cœur de l'entreprise que je pus véritablement mettre en mouvement ce lien entre mes racines, le moteur de mon énergie et mon activité. Le plongeon soudain dans le pilotage des activités technologiques du groupe Air Liquide et de ses nouveaux marchés, au cœur de mondes complexes, afin de capturer les dynamiques de la transition énergétique en cours, fut l'occasion qui me permit de faire converger culture, expérience et convictions.

Je me retrouvai ainsi aspiré par l'univers de l'hydrogène. Inévitable complément de l'électron pour propager l'énergie dans les usages les plus variés, atome le plus abondant de l'univers, le plus petit, et le plus énergétique de tous, il est présent dans nos vies au quotidien, associé à l'oxygène dans l'eau et au carbone dans tous les hydrocarbures. Notre système énergétique est fondamentalement basé sur l'hydrogène, de même que le développement des engrais, controversé mais critique dans notre modèle actuel pour nourrir la planète, est d'abord le produit de la combinaison de synthèse de l'hydrogène et de l'azote. Simplement, combiné au carbone, l'énergie de l'hydrogène dans les hydrocarbures est émettrice. Et pour n'utiliser que l'hydrogène et restituer son énergie sous une forme électrique ou de chaleur, il faut alors séparer l'eau par électrolyse, ou casser la molécule de gaz, de pétrole ou de charbon, en conservant le CO_2. Dans tous les cas, une énergie est nécessaire en amont, ce qui explique que l'on voie rarement l'hydrogène dans les diagrammes d'énergie primaire et pas encore dans les formes ou vecteurs d'énergie finaux. Mais pour de nombreux usages le vecteur gazeux ou liquide est plus efficace ou adapté que le vecteur strictement électrique, il se stocke, dispense d'autres propriétés que purement électriques, notamment thermochimiques très prisées de nombreux process à hautes et très hautes températures. Enfin, le caractère versatile de l'hydrogène, qui joue à la fois, en fonction des besoins, un rôle chimique, thermique ou électrique, lui permet d'apporter à l'électron un complément d'usage essentiel ou de se faire vecteur de transfert et de stockage des énergies les plus volatiles particulièrement adapté à l'essor des besoins en énergie renouvelable.

Alignement

Acteur de l'aventure de l'hydrogène, je me suis retrouvé ainsi immergé dans un sujet qui réunissait en son cœur tout ce qui m'avait manqué depuis le début de ma carrière. J'avais déjà touché à l'innovation, en développant les bases de certains nouveaux métiers d'Air Liquide dans les technologies de l'information, et été associé à de nombreux autres sujets d'innovation dans le passé. J'avais été impliqué dans la conquête de nouveaux territoires, faisant progresser le groupe en Chine, en Russie et dans d'autres pays pour la fourniture de gaz de l'air dans les métiers de l'acier. J'avais bien sûr eu l'occasion d'exercer des positions de management opérationnel classique, en dirigeant au début des années 2000 les activités du Benelux, alors parmi les plus performantes du groupe, et déjà fortes des premiers grands réseaux de distribution d'hydrogène au monde. J'avais aussi déjà beaucoup donné dans les fonctions de stratégie. Mais la capacité à mêler activités industrielles au cœur de problématiques centrales de bien commun, tirées par des enjeux de très long terme et infiniment dépendantes de choix sociétaux, était une occasion unique pour moi de rassembler racines, convictions et expériences.

Au long des quinze premières années de ma carrière, j'avais également pu tisser le fil d'une approche entrepreneuriale constamment fondée sur la coopération, dont j'avais dessiné les premiers traits dans mes travaux et stages de fin d'études traitant du rôle et des pratiques des alliances industrielles. J'avais ainsi développé pendant ces quinze ans plusieurs grands projets d'investissements dans des sociétés communes avec des concurrents, des clients ou des fournisseurs. Ces pratiques d'alliances étaient en l'espèce particulièrement pertinentes dans la mesure où, quand le métier est nouveau, le digital dans les années 2000, et encore l'hydrogène aujourd'hui, que les technologies le sont, comme la cogénération, ou encore les territoires, la Russie, très souvent il vaut mieux s'allier avec ceux qui savent que se battre, partager que disputer, agréger que diviser. Ce *motto* fut, est toujours et continuera plus que jamais d'être au cœur de mon approche des sujets industriels et d'investissements, non seulement parce que c'est probablement ce qui m'anime le mieux que de tenter de me mettre à la place de l'autre et de chercher les chemins de convergence plutôt que de gagner un combat, mais surtout parce que le sujet climatique impose absolument cette approche de coopération et de partage.

Le pôle que je reprenais, qui rassemblait une sorte d'écosystème des technologies et marchés avancés du groupe, me permit de concrétiser, au niveau le plus avancé possible, cette sorte d'espérance naïve – je ne suis pas totalement dupe – selon laquelle la force née du rassemblement d'acteurs autour d'un projet commun va au-delà de celle qui découle du fonctionnement des marchés concurrentiels. Je suis bien plus convaincu par les logiques de l'économie des contrats d'Oliver Williamson, qui se révèlent bien plus structurantes dans des marchés complexes, lourds en investissements et naissants – en particulier quand il s'agit d'ouvrir une approche radicalement nouvelle d'un marché, qui implique la mise en œuvre de technologies nouvelles, qui porte sur des usages nouveaux et comporte des enjeux de coûts et de risques impossibles à surmonter sans l'appui de politiques publiques claires. Je reste ainsi très sceptique devant les amateurs de la théorie des jeux qui enseignent avec la distance froide et rationnelle des théoriciens que le jeu non coopératif est en général gagnant (le dilemme du prisonnier), approche qui montre les grandes limites des théories économiques rationnelles, d'un cynisme illusoire et déconnecté de la puissance du collectif quand on sait instaurer la confiance, seul moyen de mener des mutations systémiques ! C'est en effet avec ce type de cynisme rationnel que plus rien n'avance.

C'est ainsi que je me suis retrouvé au cœur même d'une activité qui rassemblait tout ensemble mon passé et mes racines (en ce qu'elle ne fonctionnait pas sans prise en compte de l'intérêt général), mon goût pour fédérer les énergies, enfin ma volonté de faire dialoguer le public et le privé pour faire croître une filière. Yogi du privé, pour faire bouger les lignes, malgré tout, en mission ? Magré tout…

Pendant ces quinze dernières années, avec d'autres grands acteurs motivés par la cause de la transition, nous avons pu, particulièrement autour du développement des solutions à base d'hydrogène comme vecteur complémentaire de l'électron pour décarboner nos systèmes énergétiques, développer le plus loin possible ces stratégies fédérant des acteurs de tous horizons. J'ai pu l'expérimenter à la tête et en structurant pendant six ans le groupement de soutien de la filière hydrogène en Europe et son agence publique de financement FCH JU JTI[1] (1 milliard d'euros de budget avec les

1. Les initiatives technologiques conjointes sont des agences créées par la Commission européenne et dotées d'un budget dédié pour financer un secteur en particulier, sous la forme d'appel à projets annuels. Leur gouvernance est particulière, en ce qu'elle est partagée à égalité entre la Commission européenne (DG recherche) et l'industrie du secteur. La FCH JU était l'initiative conjointe dotée d'un budget combiné de 1 milliard d'euros puis 1,5 dans Horizon 2020, avec des contributions pour moitié en subvention de la Commission et pour moitié en contribution en nature par les industriels bénéficiaires des projets (ainsi, les projets étaient

apports des industriels pour les programmes 2012-2017 renouvelé pour 1,4 Mds dans le pacte Horizon 2020 de la mandature suivante[1]), l'occasion de premiers contacts avec la gigantesque machinerie bruxelloise de la Commission européenne, dont le brio des papiers et l'ampleur des ambitions n'ont d'égal que la complexité bureaucratique de leur mise en œuvre. Ensuite, après avoir épuisé tous les mandats possibles et sentant venir le risque de l'échec du secteur avec la montée en puissance du génie d'Elon Musk déjà dans les batteries et le spatial (où ses innovations annonçaient déjà très clairement les périls d'Ariane), nous imaginâmes à quelques-uns, avec le soutien du président du groupe Air Liquide, Benoît Potier, très mobilisé et principal initiateur pour le groupe de l'aventure hydrogène dès ses débuts, le projet de rassembler les CEO de tous les grands groupes internationaux intéressés de près ou de loin par le sujet. En les réunissant dans une organisation dédiée à la structuration de la filière, de l'ambition à la définition des grands segments et des enjeux de filière à mettre en œuvre,

---

financés en général à 50 %, ce qui m'a toujours semblé essentiel pour éviter les effets d'aubaine).

Cf. « Joint Technology Initiatives, a new EU research initiative: Frequently asked questions », *Commission européenne*, fiche d'information, 11 décembre 2007.

1. Cette agence a porté les germes d'une démultiplication des programmes de soutien depuis le pacte Fit for 55, avec l'IPCEI sur les soutiens aux équipementiers européens et la création de la Banque de l'hydrogène, prémices possibles d'une action plus large, coordonnée de l'Europe au niveau continental sur les nouvelles énergies.

sans oublier les outils de politiques publiques nécessaires à la construction de celle-ci, fut ainsi lancé le Hydrogen Council[1], grâce à Elon Musk! Ce dernier est désormais en passe de détruire tout seul ce qu'il a fortement contribué à lancer, la mobilité électrique, à force de surfer sur la vague conservatrice américaine et d'y voir le tremplin de sa révolution libertarienne, quand les deux sont foncièrement divergents, l'un rêvant sans l'État et l'autre n'étant que par la puissance et la force publique (armée, monnaie, vélléité de contrôle de la justice).

Le succès de cette initiative, qui a enfin amené l'hydrogène au cœur des solutions de la transition énergétique, a catalysé les multiples démarches existantes de dialogue public-privé et s'est ensuite dupliqué au niveau national en Corée, au Japon, en Allemagne, aux États-Unis, en Chine, en France et désormais dans de nombreux pays. Il a permis l'émergence de cette dynamique aujourd'hui bien connue, avec ses avancées, ses dérives et ses défis permanents.

1. Le Hydrogen Council a été créé en janvier 2017 à Davos avec 13 membres fondateurs représentés par leur président ou directeur général; il est progressivement devenu l'organisme international de référence sur les enjeux, besoins et progrès du secteur de l'économie de l'hydrogène. Avec 150 membres, représentés par leur directeur général, c'est l'un des organismes de haut niveau les plus influents pour faire progresser la compréhension du rôle et des enjeux du vecteur hydrogène comme complément propre de l'électron afin de basculer vers un modèle énergétique bas carbone et résilient. Cf. « There's no climate solution without clean hydrogen. And there's no clean hydrogen without action », *Hydrogen Council.*

Initier la vague

Dès les débuts du Conseil, nous avions suggéré aux premiers membres – treize à l'origine, ils se comptent aujourd'hui cent cinquante – de passer à la mise à l'échelle des projets autour de l'hydrogène en faisant entrer les financiers dans le jeu. Il s'agissait, comme pour l'industrie de l'énergie renouvelable à ses débuts, de trouver rapidement des relais de passage à l'échelle qui s'appuient aussi sur les grands mécanismes de financement de projet et de support public, afin que la filière puisse décoller.

Nous avons ainsi pu développer entre 2018 et 2020 une dynamique alignée de tous les grands acteurs industriels de la planète concernés sur ce que pouvait et devait être le rôle de cette énergie si singulière dans la transition énergétique. Tout était à faire, et fut réalisé : quantifier son poids dans le mix futur et les grands segments de marché qui allaient en avoir l'usage, élaborer les grands plans de développement et les programmes d'évolution des coûts et des technologies pour en faire un vecteur propre (avec les fameuses couleurs si souvent débattues que nous avions en partie inventées, pour le bleu en tout cas, lors d'une assemblée de province d'Air Liquide…), enfin fournir à tous les acteurs et catalyseurs de la filière le fondement essentiel d'un discours, d'une vision, d'un besoin, leur permettant de participer au dialogue général sur les solutions de la transition. Dès 2019, tous les think tanks de la planète s'étaient emparés des chiffres (l'hydrogène devant peser entre 15 et 20 % de la demande finale, avec une production montant à 600-700 MT) pour les analyser et les challenger dans tous les sens, sans vraiment parvenir à changer la vision, mais simplement à l'ajuster et à débattre des segments les plus porteurs, les plus rapides, les plus importants. Ainsi, l'hydrogène se retrouva hissé par une conjonction heureuse de facteurs favorables : la dynamique de reprise post-covid qui le porta en son cœur (d'abord au Japon et en Europe, puis aux États-Unis et dans les autres pays exportateurs d'énergie vers l'Europe, et bien sûr en Chine, déjà devant aujourd'hui), des taux d'intérêt très bas et l'abondance de liquidités de marché disponibles pour investir.

Ce fut le temps de la décision, pour moi et quelques soutiens, de passer à l'acte et d'initier la création d'un fonds d'investissement dédié, focalisé sur le passage à l'échelle de l'industrie. À la différence de tout autre acteur de ce milieu, il s'agissait de catalyser les acteurs industriels et financiers dans une structure qui déploie les fonds qui lui sont confiés, pour faire aboutir des grands projets de production, usage et distribution des applications de l'économie de l'hydrogène, au service de la décarbonation des secteurs qui en ont le besoin.

Cette nouvelle étape de fédération et désormais de déploiement des fonds levés est évidemment très engageante. Il nous a fallu prendre notre risque pour la déclencher puis la mener à bien, en quittant pour certains vingt-cinq ans de carrière certes diversifiée mais mono-entreprise, pour forcer le destin de cette idée qui sembla longtemps si farfelue. Aligner industriels et financiers ensemble, quelle idée ! Sur un sujet aussi peu mûr, quelle folie ! Toujours est-il que c'est fait et que nous avançons. Cette plateforme (Hy24) a elle-même sa part d'originalité. Elle fut conçue comme une joint-venture associant le plus bel asset manager européen de la place, conduit avec puissance et détermination par Dominique Sénéquier et son équipe rapprochée d'exception, et un partenaire suisse[1], avec lequel nous avions écrit une première partie d'histoire dix ans plus tôt en permettant ensemble au leader américain du secteur, Plug Power, de se relancer. Son dirigeant, Andy Marsh, emblématique pionnier du secteur, nous aida en retour dans cette aventure dix ans plus tard en annonçant les premiers soutiens à notre initiative, en plus d'Air Liquide et de quelques autres groupes leaders[2] dans leurs secteurs dont le soutien de chaque dirigeant fut décisif.

Pour autant, même si cette nouvelle aventure est en plein développement, que cette plateforme d'investissement multiforme devrait permettre de déployer plus de 20 milliards d'euros dans l'économie de l'hydrogène, et qu'ainsi nous contribuons à solidifier une partie de l'écosystème, ce n'est pas suffisant.

Tout cela ne va pas assez vite, ne se déploie pas assez loin, ne possède pas la dimension nécessaire.

Même s'il est possible d'agréger des acteurs de tous les secteurs, même si des prouesses financières et technologiques ont été accomplies et si nous avons initié les premiers déploiements à l'échelle de cette technologie essentielle pour l'industrie et une partie des transports, il est rapidement apparu évident que, dès que le business reprend

1. Hy24 est une société conjointe entre la société Ardian et FiveT Hydrogen, une structure montée avec le groupe d'investissement de Johannes Minho Roth, acteur reconnu de l'investissement alternatif et soutien précurseur de l'aventure hydrogène.
2. TotalEnergies, Vinci, Baker Hughes et Chart Industries comme investisseurs fondateurs aux côtés de Air Liquide et Plug Power.

la main et que l'on entre dans le vif du sujet d'investissements lourds aux enjeux financiers importants, abandonner l'intérêt particulier au profit du général redevient très compliqué. Sans oublier que par ailleurs le temps presse…

L'économie de l'hydrogène, imbriquée entre les enjeux énergétiques et les enjeux de décarbonation des process aval, est exemplaire de ce que connaissent les autres grandes filières clefs pour la transformation de notre économie. On y constate autant la puissance de feu des groupes industriels que leur frilosité inévitable à partir du moment où les enjeux de performance dominent, autant l'agilité et l'envie des entrepreneurs et des développeurs que leur grande fragilité devant des projets gigantesques et risqués, autant la bonne volonté des politiques que leur faible résistance aux lobbies multiples acharnés à défendre la fin du mois – du moins la leur – avant la fin du monde. On y constate enfin tous les frottements d'une société complexe, sur-organisée et sur-corsetée de pouvoirs et de contre-pouvoirs, au nom du respect des intérêts individuels… Au point que la transition n'avance aujourd'hui à pas de géant qu'en Chine, qui désormais déploie chaque année plus d'énergie renouvelable que la totalité de la capacité installée en Europe ! Dans nos grandes démocraties, les populismes sont en passe de prendre la main dans de nombreuses situations (et à l'heure où je relis ce texte, c'est désormais fait aux États-Unis), à tout le moins ils sont devenus assez puissants pour générer des blocages sur les questions évidemment primordiales des « fins de mois » et pour arrêter la nécessaire dynamique de transformation de nos sociétés, qui est pourtant, si elle est correctement accompagnée, compatible avec la fin du mois.

Je suis convaincu, et je l'ai toujours défendu dans mes actions quotidiennes, dans mes prises de décision et mes négociations, que le compromis rapide est plus important que la victoire à l'usure, car nous luttons pour agir vite, et si nous n'avons que des vaincus, nous n'aurons pas de victoire et surtout pas d'alliés. Sans cela, cet immense défi dans lequel nous sommes tous plongés ne sera jamais atteint. En ce sens, j'ai déjà exprimé dans un petit livre la part d'âme[1], ou de vertu, que nous sommes en droit d'attendre de nos grands dirigeants politiques et économiques, à savoir la capacité qu'ils ont de *faire l'histoire* en projetant leur organisation au-delà de leur seule mission, associant à l'éthique de responsabilité le développement d'une véritable éthique de conviction.

Il s'agit ni plus ni moins de savoir où l'on alloue la « marge », non pas la marge opérationnelle, mais la marge qui constitue le jeu dont je dispose, en tant que dirigeant, pour ajuster les équilibres : un peu de salaires, un peu de R&D, un peu de dividendes, un peu de risque, un peu de baisse de prix pour quelques clients. Cet interstice entre être *fit* et être gras, ou être *fit* et être maigre, donc ce jeu qui évite de se mettre en danger dans un sens ou dans l'autre, définit la part de l'arbitraire, celle qui permet de faire bouger les lignes, parce qu'on choisit de pousser une action en dehors de canons stratégiques ou des métriques de performance usuelles. Au départ, cela reste de l'ordre du symbolique, et le coût en est faible, puis si le sujet prend, cela coûte davantage et peut devenir stratégique, enfin, quand

1. Pierre-Étienne Franc, Michel Calef, *Entreprise et bien commun, la performance et la vertu*, Paris, Palio, 2017.

il devient nécessaire de passer à l'échelle, comme nous le voyons pour nos sujets de transition, il faut être capable de passer du jeu à l'engagement, avec à la clé d'inévitables besoins d'ajustement de ressources, d'organisations, de « *business models* » et éventuellement de modèles financiers. Nous en sommes, concernant la transition, et notamment dans l'économie de l'hydrogène, à ce dernier stade, pour beaucoup d'entreprises de l'industrie, où la bascule signifie tout cela. Et c'est à cette aune que l'on mesure la difficulté de bouger si la puissance publique d'un côté, les autres acteurs de l'autre, et le monde financier, sous la pression de l'opinion publique et du régulateur, ne poussent pas dans le même sens.

La « part de marge » devient un vrai sujet de conviction, lorsqu'elle est poussée durablement sur un thème, au point de donner l'impression d'une torsion anormale des orientations, au regard de la situation d'une technologie ou d'un secteur. C'est ce qu'Air Liquide a mis en action sous l'impulsion de sa présidence, sur l'hydrogène. À l'évidence, un supplément d'âme naît ainsi de ces ruptures presque culturelles, un impact sur la valeur de long terme et la vision de l'entreprise est généré, qui redynamise les multiples de performance parce que les entreprises qui sont durablement installées dans le paysage financier souffrent de cette absence d'histoire à venir pour redynamiser leur stratégie, renouveler les promesses et les rêves, incarner leur présence dans le monde autour d'une mission qui dise quelque chose de plus que des chiffres, parce qu'elle change effectivement quelque chose, brise le temps en créant un avant et un après, « le monde serait différent sans elle ». Il faut revoir *La vie est belle* de Frank Capra et imaginer ce que serait le monde sans soi-même, en tant qu'entreprise, pour prendre conscience de ce qu'est une vraie mission stratégique. Elle seule peut constituer un moteur du changement, en bien ou en mal.

Ainsi, cette part de marge est souvent une source un peu erratique de présence au monde pour l'entreprise, à travers le soutien, en fonction des urgences et de l'actualité, rapporté à tel ou tel enjeu urgent de société ou de business. C'est absolument légitime, mais cela ne fait pas une histoire. Désormais, nous sommes au-delà. Les critères environnementaux, sociaux et de gouvernance, qui furent d'abord cantonnés dans la « part de marge », à savoir au tout début des sujets de communication et de philanthropie, sont progressivement devenus des sujets de « conformité » et donc de coût pour l'entreprise, pour le plus grand bonheur de tous les consultants, qui ont tôt fait de normer les sujets pour en décliner des métriques permettant de déclarer une conformité. Mais en faisant cela, beaucoup d'acteurs se sont égarés loin de leur essence, qui consiste à transformer en profondeur les procédés et les modèles énergétiques des entreprises et leur manière de fonctionner avec les ressources dont elles ont besoin, pour devenir véritablement vertueuses et en faire une source de valeur et non plus une contrainte.

Ce cap-là, en cours, fonctionne vraiment si toutes les forces de marché sont alignées. Mais celles-ci, à leur tour, agissent selon des mouvements moutonniers dont j'ai pu constater la puissance à de multiples reprises dans l'économie de l'hydrogène. Elle agit dans un sens ou dans un autre, comme un coup de talon qui soudain bloque ou tout au contraire un accélérateur de pointe quand tout le monde veut en être sans plus vraiment réfléchir à la rationalité des valeurs, des histoires, des promesses et surtout au réalisme des tempos de mise en œuvre, qui sont toujours sous-estimés dans l'industrie de l'énergie. Ainsi, les acteurs ne bougent que si l'un ou l'autre prend son rôle et se place devant. C'est uniquement cela qui fait bouger les lignes et offre une chance à l'irréversible.

Il faut un saut pascalien dans le pari d'une avancée technologique ou sociétale, que l'on vivra demain comme une évidence ou comme une stupidité selon que la prise de risque aura marché ou non, mais qui, à l'instant de son lancement, nécessite de forcer la raison.

C'est ce que nous avons fait, sur l'hydrogène, avec quelques-uns, pour provoquer la bascule, non pas parce que cela serait contre-nature ou inutile, mais parce que c'est seulement en étant capable de projeter le futur qu'il est possible de le faire advenir.

Cette phrase de Nietzsche que j'utilise souvent pour évoquer ce que nous devons faire résume fondamentalement ce qui fait la puissance de nos imaginaires, mais aussi bien sûr le risque profond que nous faisons courir avec eux. « L'irrationalité d'une chose n'est pas un argument contre, mais plutôt une condition de son existence. » Ainsi, c'est la capacité à formuler ce que peut être une technologie dans le futur, son rôle, ses coûts, ses enjeux, qui a dans le passé permis à l'industrie des semi-conducteurs, puis à celle du renouvelable et un peu avant au nucléaire d'atteindre progressivement leur point d'équilibre économique.

En ce qui concerne l'hydrogène, la capacité à élaborer collectivement une ambition, un rôle, des segments de marché où l'usage de cette molécule et de ses dérivés devient la solution incontournable d'un monde décarboné, en dépassant les questions d'efficacité ou de coût, permet de chiffrer un objectif et un délivrable. La capacité à imaginer un système énergétique qui fonctionne entre deux types de sources, les électrons d'un côté et les dérivés gazeux et liquides de l'hydrogène (lui-même produit par des énergies renouvelables ou sous une forme « propre » avec capture du carbone coproduit quand on reste sur des bases fossiles, ce qui concernera encore une part de la production pendant les prochaines décennies), et à figurer comment cela va révolutionner les coûts, les flux et les grands équilibres géopolitiques de l'énergie, permet de mettre en mouvement l'ensemble des acteurs et les régulateurs.

C'est ce travail que nous avons mené avec les grandes agences de soutien du secteur, en commençant par le Hydrogen Council et Hydrogen Europe. Elles ne pouvaient pas prétendre à une quelconque crédibilité sans un ensemble très large de secteurs de marché au plus haut niveau et sans l'existence de premières expériences à l'échelle que, avec Toyota, Shell, TotalEnergies, Linde, Anglo American, Hyundai et quelques pionniers comme Plug Power ou encore Hydrogenics ou Ballard, nous avions entreprises ces deux dernières décennies.

Cette phase est derrière nous et la mise à l'échelle, qui nécessite de multiplier par dix ou cent les prises de risque, les tickets d'investissements, les enjeux de sous-rentabilité d'amorçage ou de hausse de coût pour les clients industriels ou des transports, rendent désormais l'équation plus difficile, sans cet alignement plus large avec les donneurs d'ordre, les financiers et la puissance publique.

C'est à ce titre que ce secteur constitue un exemple particulièrement illustratif de la problématique de la transition. L'hydrogène constitue en quelque sorte le dernier maillon de la chaîne et donc actuellement le plus fragile, car le dernier dans la « *merit order curve* » des solutions de la transition, à savoir la solution ultime quand les autres ne fonctionnent pas, qui permet de boucler les besoins énergétiques de secteurs qui ne peuvent pas les résoudre sans énergie non électrique et sans émissions de gaz à effet de serre, et donc la solution qui forme le prix, mais aussi qui est la plus dépendante de toutes les autres. Mais aussi souvent à un coût très supérieur au départ à celui de la base fossile (hydrogène à base d'énergie fossile, gaz naturel, kérosène, charbon, selon les secteurs) qu'il s'agit de remplacer – plus cher, parce qu'une énergie secondaire a besoin d'une énergie d'extraction, de capitaux pour produire cette réaction et donc génère un surcoût évident par rapport à l'énergie primaire disponible. L'hydrogène devient aussi le paramètre qui permet, comme vecteur, d'aller chercher au plus vite et au meilleur coût, malgré les inefficacités, les électrons les moins chers et les plus abondants de la planète, situés dans des territoires reculés et peu demandeurs en énergie, déserts pleins de soleil et de vent, proches des côtes, zones immenses sans habitants et avec assez peu de conflits d'usage de sols et des enjeux de biodiversité qui semblent plus limités[1]. Un vecteur énergétique versatile et de stoc-

1. Il faudra alors le transporter, par canalisation, comme le gaz, si les distances sont raisonnables, ou sous une forme convertie, ammoniaque, ou sous forme liquide, ce qui bien sûr génère des inefficacités et des coûts supplémentaires, mais permet toujours

kage, qui permet aussi de régler les problèmes croissants de gestion des intermittences[1] entre les offres et la demande d'énergie électrique, qui vont continuer de croître avec la hausse de la part de renouvelable dans les mix, notamment dans les zones tempérées connaissant des variations de besoin de chaleur et d'électricité importantes en fonction des saisons. Tous ces éléments rendent particulièrement critique ou emblématique la question de l'alignement rapide, coordonné et sage, de nos efforts pour avancer.

Le talon et la pointe de l'hydrogène…

L'histoire « récente » de la promesse de l'hydrogène est bien sûr plus ancienne encore et alimente donc souvent les critiques, qui ont tôt fait de la ranger dans le placard des histoires qui présentent toujours un futur prometteur mais sans jamais aboutir dans le présent. Il y a déjà eu plusieurs vagues de promesses d'économie de l'hydrogène, puisque, répétons-le, c'est la molécule première du tableau de Mendeleïev, à la fois la plus simple et la plus énergétique. Mais c'est surtout parce que sa capacité à faire tout ce que l'électron ne sait pas faire nécessite de déployer souvent en même temps les sources propres d'énergie (renouvelable, nucléaire, hydroélectrique), les réseaux de distribution

---

d'aller chercher là-bas des potentiels énergétiques que nous ne savons produire ni en temps, ni en coûts, ni en capacité comparables sur nos territoires européens saturés d'usages et de contraintes.

1. On lira sur ce sujet le dernier rapport de RTE, dont la mission est habituellement plutôt centrée sur les électrons.

(canalisations, camions, l'ensemble d'un réseau qui ressemble beaucoup à celui du gaz et du pétrole, mais sous plus haute pression avec un gaz plus petit et plus fuyard) et les procédés aval (technologie électrochimique de la pile à combustible, gestion de flux sous pression, changement des procédés et chambres de combustion, technologies de stockage et de conditionnement à très basse température). Nous sommes confrontés à la fois à des enjeux technologiques majeurs, la manipulation de gaz très énergétiques (au kg, mais pas en volume) et souvent sous pression ou sous forme liquide à très basse température (pour gérer cette densité volumétrique faible, quand la densité gravimétrique est très élevée), et à une problématique de passage à l'échelle rapide de chaque élément de la chaîne sans savoir si le reste suit. Des questions de poule et d'œuf entre production et client, entre coût et financement, entre besoin d'infrastructures et passage à l'échelle. Plus que toute autre technologie, l'hydrogène incarne la bascule d'une infrastructure, d'un modèle énergétique carboné à un autre qui ne l'est pas, dont les bénéfices ne sont pas individuels mais collectifs (externalités évitées, mais dont les bénéfices sont différés ou lointains, et n'adviennent que quand les volumes auront permis de réduire vraiment les coûts).

Telle une fractale, c'est une histoire à taille réduite de toute la transition de nos modèles, mais en même temps une histoire en grand, car sans elle on ne sait pas basculer nos besoins en molécules vers des solutions bas carbone. Une histoire où le besoin de réassurance des financiers auprès de la puissance publique vient buter sur la problématique de la compétitivité de la solution imposée dans un territoire donné si elle n'est pas développée dans les autres pays du monde, et donc appelle des réglementations qui se répondent et avancent ensemble, et des supports publics massifs. Non que les acteurs de la chaîne soient plus *avides* que ceux de toutes les industries qui ont dû basculer vers de nouvelles technologies, mais c'est qu'à la différence de l'industrie renouvelable qui ne change que le mode de production de l'électron, et non son réseau ni l'usage, il faut changer la production, le transport, la distribution et l'usage dans la plupart des cas !

Ainsi, la part de marge de l'entreprise, qui consiste à consacrer dix ou vingt ans de R&D pour développer des piles, des réservoirs, des stations, des électrolyseurs qui fonctionnent désormais remarquablement à petite échelle, est une étape, et cette « part de marge », cette dynamique de conviction, a animé de nombreuses entreprises, grandes et petites, pour déployer des technologies qui sont dans l'ensemble prêtes et ont elles-mêmes bénéficié des progrès de l'ensemble de l'écosystème de recherche sur les métaux, les semi-conducteurs, les puissances de calcul pour optimiser la composition des catalyseurs et travailler l'usage de métaux et terres rares. Mais il s'agit maintenant d'atteindre des ordres de grandeur qui ne sont plus les parts de marge et deviennent très visibles dans les comptes de résultat. Même pour un grand pétrolier, le déploiement d'un réseau de stations-service pour couvrir correctement la France, qui ne « coûterait qu'1 à 2 milliards d'euros », est un sujet. Car si le réseau n'est pas contre-garanti dans son usage par un marché ou au pire une concession de nature capacitaire avec l'État, c'est le risque « d'*impairment* » *(dépréciation)* qui vient immédiatement perturber les équilibres économiques. Deux milliards, tout compte fait, constituent une « petite somme » pour des grands du pétrole, en termes de

« *cash-flow* » et d'impacts sur les bilans des grands groupes pétroliers, mais 2 milliards de pertes « d'*impairment* » sur une année de compte d'exploitation, c'est une somme significative. On entre donc très vite dans le « dur ». Quand un constructeur soudainement doit s'engager à déployer des milliers de véhicules par an, et ce durablement, l'impact sur la chaîne d'approvisionnement, sur la capacité à servir les clients pour plusieurs années, les risques de défaillance, sécurité, fiabilité, performance, et les conséquences en termes d'image et de réputation, sont autant de prises de risques qui viennent s'ajouter à l'enjeu proprement financier. Quand de surcroît on n'est pas sûr de ce que la batterie va vraiment réussir à faire et qu'on a encore quelques espoirs dans l'évolution, voire la révision des réglementations, il devient urgent d'attendre. Celui qui part le premier devient le premier perdant au lieu d'être le gagnant comme on le voit souvent dans le digital, parce que les coûts de passage à l'échelle sont moins élevés et que surtout l'avantage de départ est très vite magnifié par l'effet d'échelle, alors qu'il faut des années pour passer à l'échelle une infrastructure dans l'énergie.

Malgré cela, il existe bien un consensus sur le besoin d'atteindre cette échelle pour que l'hydrogène puisse permettre à quelques grandes industries qui resteront critiques, peut-être sous une forme plus faible demain, mais toujours polluantes, et pour les segments les plus lourds et intensifs de nos mobilités (terrestre, aérienne ou maritime, sous une forme directe ou sous forme de fuels de synthèse), au point de représenter (directement ou sous formes dérivées – ammoniaque, méthanol ou autres fuels de synthèse –) près de 15 % de la demande d'énergie mondiale, et de solliciter, de l'amont (production de la source renouvelable) à l'aval (changements des process et déploiements des réseaux d'acheminement et d'usages), plusieurs trillions d'euros dans les décennies à venir.

Cette gigantesque dynamique est passée de quelques véhicules de démonstration il y a encore dix ans, où la place du passager était juste disponible, ou encore de quelques électrolyseurs de quelques MW, à près de cent mille véhicules désormais, aussi puissants et confortables que nos berlines diesel, des milliers de stations, des dizaines de GW de capacité d'électrolyse en construction[1], avec des exponentielles de croissance toujours prévues, même si les pentes sont revenues à des rythmes compatibles avec le monde de l'énergie. Mais elle donne à voir en accéléré toutes les limites du marché pur, celles aussi des réglementations absconses et des financements mal conçus. On voit les désastres des changements de pied, entre coups d'accélérateur et coups de frein, autant de tête-à-queue qui ne font jamais tomber les gros et les plus lourds, mais les agiles et ceux qui font bouger les lignes et avancer l'ensemble de l'industrie.

Le jeu du talon et de la pointe sur l'hydrogène a réussi ces dernières années à prendre une dynamique très linéaire dont on commence à voir les effets sur la taille des projets, sur l'industrialisation des processus de fabrication, sur la performance des usages et sur les « *business models* » qui, à

1. On peut reprendre les chiffres de l'ouvrage de Pierre-Étienne Franc et Pascal Mateo, *Hydrogène. La transition énergétique en marche* (Gallimard, 2015) pour voir à quel point les métriques ont changé en seulement dix ans, ce qui, dans le monde de l'énergie, est extrêmement rapide.

force de tester et d'échouer, trouvent des voies qui fonctionnent, consistant à travailler sur des écosystèmes assez autonomes, où l'offre et la demande de l'usage se répondent et grandissent de manière symétrique. Pour avoir œuvré avec d'autres à mettre ces modèles en place dans de nombreux pays du monde, avec leurs succès et leurs échecs, je peux témoigner que nous avons fait un assez bon tour des manières de faire décoller une technologie systémique. Et de fait, elle décolle, même si les promesses ont été parfois trop vite achetées ! Nous sommes passés, quels que soient les soubresauts, de quelques centaines de millions d'euros de projets dans la fin des années 2010 à plus de 75 milliards d'euros de projets en déploiement, plus de 700 milliards et 1 600 projets annoncés, à des politiques publiques clairement positionnées sur l'hydrogène dans près de 70 pays et dans les plus importants au titre des émissions[1], et à la prise en compte dans tous les raisonnements sérieux de son rôle incontournable dans les paramètres de la transition.

Ainsi, la révolution de l'économie de l'hydrogène a eu ses stratégies de pointe qui sont allées trop vite, imaginant des rythmes de déploiement et de transformation non tenables,

1. Les pays de l'Union européenne, l'Inde, l'Australie, la Chine, la Corée, le Japon, les pays du Maghreb et du Moyen et Proche-Orient, l'Amérique du Sud, tous les plus grands pays émetteurs de la planète et ceux disposant des potentiels renouvelables les plus importants ont tous développé des stratégies et des premiers programmes de déploiement de projets intégrant l'usage de l'hydrogène dans les stratégies nationales pour lutter contre le réchauffement climatique. Les États-Unis étaient en pointe de ces développements jusqu'à l'arrivée de l'administration Trump.

mais formulés pour répondre à l'impatience des marchés et des politiques, les uns et les autres étant trop souvent happés par le court terme – pour les financiers, monétiser au plus vite la promesse, pour les politiques, promettre au plus vite les effets pour le pays et les emplois. Elle a souffert en partie de ces allers-retours de promesses qui sont habituels dans toutes les révolutions technologiques : à accélérer trop vite, on risque le tête-à-queue. Elle a manqué pour l'instant la mise en œuvre d'une stratégie de freinage réel sur les procédés existants de fabrication de l'hydrogène, à base d'énergies fossiles, dont il devrait être facile de programmer l'arrêt ou la reconversion selon un agenda clair, à dix ou quinze ans. Cela permettrait aux utilisateurs existants de préparer et faire advenir la bascule, qui est essentielle, car tant qu'il reste possible de produire du fossile, on garde le fossile !

Enfin, les ajustements de la pointe et du talon sur la montée en puissance des projets et des capacités de fourniture des équipements sont tout à fait exemplaires des risques inflationnistes par un déséquilibre de l'offre et de la demande qui existe pour toutes les nouvelles énergies si on ne pilote pas au mieux la montée de l'offre et celle de la demande en parallèle.

Ainsi, la capacité de nos sociétés à jouer de l'arrêt de l'existant, du ralentissement de certaines consommations inutiles ou superflues, et de l'accélération des actifs et infrastructures de remplacement ou de substitution, est bien au cœur de chaque composante de la chaîne de valeur énergétique. Et l'hydrogène, vecteur au sein de cette chaîne, est fortement dépendant des succès et reculs des chaînes aval et amont.

Malgré les écueils, coût, efficacité, rythme de déploiement, incertitudes sur certains marchés, l'économie de l'hydrogène est entrée dans une marche irréversible, parce que le monde ne saurait pas affronter le changement climatique sans lui, parce qu'il ouvre le jeu géopolitique pour de nombreux pays qui se découvrent une capacité à devenir des puissances énergétiques, parce qu'enfin il est cet outil unique qui fait tout ce que les autres ne sauront jamais faire. Cependant son avenir est totalement corrélé à nos décisions et au rythme de mise en œuvre de la transition dont nous avons besoin.

Cette histoire de la transition sous l'angle de l'hydrogène reste ainsi totalement dépendante du grand jeu sociétal sur notre transition énergétique et se trouve de fait aux premiers plans des débats géopolitique, financier et réglementaire sur l'avenir de la transition, son rythme, son financement et son impact sur la compétitivité de nos industries, la pérennité de nos emplois et le coût de notre pain tout autant que de notre voiture.

2
L'énergie : une question ontologique pour nos fins de mois

La transition énergétique pose des enjeux existentiels, peut-être les plus lourds qui se soient posés aux hommes depuis la révolution industrielle. Pour la première fois, on ne demande plus au système productif de faire davantage, plus vite et moins cher ; on lui demande non seulement de faire moins et à un coût supérieur, mais aussi, puisque pour la première fois aucune solution n'est possible sans l'implication de tous, de faire une croix sur le moteur individuel qui, depuis les débuts de l'ère libérale, a toujours guidé la croissance économique.

La dimension cinétique du chantier, en termes de volume et de vitesse, le caractère global et massif des bousculements induits dans le système énergétique et productif, l'urgence des dynamiques collectives à mettre en œuvre, tout cela nous place devant des contraintes nouvelles et nous impose d'inventer de nouveaux schémas de pensée – et même de reconstruire les principes de notre économie et les modes de création de valeur avec lesquels nous produisons, consommons, vivons.

Le chantier cinétique de la transition

Le processus est simple : du carbone est généré quand on brûle des énergies fossiles. Depuis que l'homme a découvert le pouvoir extraordinaire de l'énergie pour se chauffer, se déplacer, transformer la matière, et parce qu'il brûle de plus en plus d'énergie, certes de plus en plus efficace mais toujours remplie de carbone, il émet de plus en plus de carbone dans l'atmosphère, contribuant à l'augmentation de l'effet de serre.

Or, en corollaire de ce rapport particulier de l'homme à la nature, le processus constant par lequel il s'extrait de sa condition antérieure d'être fragile face aux autres espèces vivantes dépend fondamentalement de sa capacité à conquérir l'énergie. Cette conquête passe aussi par la recherche de formes d'énergie moins denses en carbone et plus difficiles à maîtriser.

Quand on observe une très longue échelle de temps, on constate que l'homme a maîtrisé à l'origine le feu, en brûlant du bois, combinaison d'un peu d'hydrogène et de beaucoup plus de carbone, puis du charbon, c'est-à-dire du bois fossilisé, où le rapport est un peu plus équilibré entre le carbone et l'hydrogène, ensuite, à la fin du XIXe siècle, il a utilisé le pétrole, qui contient plus d'atomes d'hydrogène que de carbone. Dans la période récente, depuis soixante-dix à quatre-vingts ans, il a appris à maîtriser le gaz, et le monde est entré dans une ère de gaz naturel, qui compte un atome de carbone et quatre d'hydrogène. À chaque étape c'est une évolution des technologies, un renforcement de la part des machines utilisées dans la capture et la transformation des énergies, du solide au liquide puis au gaz, avec des complexités d'accès, de traitement, de transport et de transformation qui grandissent et sont systématiquement maîtrisées par le génie humain. Le Graal serait alors de se débarrasser du carbone et de conserver seulement l'hydrogène, ou de n'utiliser que l'électricité, mais l'homme aura toujours un peu besoin de carbone…

Quel enseignement tirer de cette très brève histoire de l'énergie[1] ? Chaque fois que l'homme a utilisé de nouvelles énergies, il n'a pas supprimé les précédentes, mais empilé comme des couches sédimentaires, ajouté successivement toutes ces formes d'énergie.

En toute logique, résoudre l'enjeu du réchauffement climatique nécessite d'arrêter d'émettre du carbone. Mais si l'on considère la question de manière globale, l'arrêt des émissions n'épuise pas le problème. Il a été résumé par une équation.

---

1. Vision reproduite dans ce schéma célèbre dans le monde de l'énergie, récemment illustré par Robert Hoffner (2002).

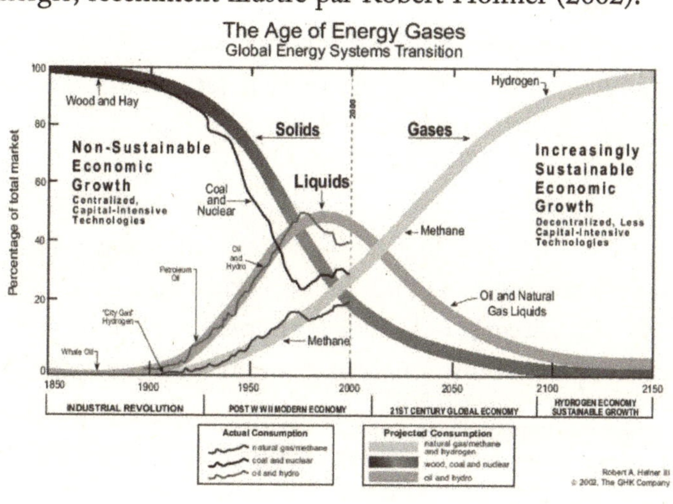

L'équation du climat, ou équation de Kaya[1], inventée par un professeur japonais, permet d'appréhender les enjeux imbriqués dans la question de l'énergie mondiale et, en déclinant les émissions mondiales de CO_2 en sous-équations combinées, de comprendre qu'en touchant au carbone, à l'énergie, nous touchons au cœur même de notre civilisation. L'équation du climat établit en effet que notre niveau d'émissions est corrélé à plusieurs facteurs : plus on produit de matière, plus on produit de richesses, moins cette utilisation d'énergie est efficace, plus on est nombreux sur Terre, alors plus on utilise de l'énergie et plus on émet de CO_2. Pour l'exprimer en termes mathématiques, les émissions de CO_2 sont le produit de notre intensité de production de richesse (GdP/T), du contenu en énergie de cette richesse (E/GdP), de l'efficacité carbone de cette énergie (CO_2/E) et enfin de notre démographie (nombre d'habitants-T). Ce qui signifie que, pour que les émissions diminuent, tous les éléments de l'équation doivent baisser ou l'un d'entre eux doit tendre vers zéro : notre rapport à la richesse produite (le degré de richesse créée ou de matière produite dont on se satisfait pour vivre), le contenu énergétique de notre richesse, notre efficacité énergétique et notre croissance démographique.

De là naissent plusieurs questions. Est-ce que la richesse produite par un pays, mesurée par un chiffre de PIB, doit être corrélée à la production matérielle de biens ? Quand on produit ces biens, l'efficacité de l'utilisation de l'énergie doit-elle être intégrée ? À quoi bon améliorer les modes de production pour continûment gagner en efficacité quand on

1. CO_2 = GdP/T x E/GdP x CO_2/E x T équation déjà introduite plus haut dans le livre.

fabrique de l'acier, des canapés, des ordinateurs ou des bâtiments, quand on transporte des biens, si nul ne peut s'affranchir du paradoxe de Jevons[1] ? En effet, l'amélioration d'une technologie, la réduction des coûts, tendent à augmenter la consommation, par un effet rebond, de sorte que plus l'efficacité énergétique croît, plus l'utilisation d'énergie s'élève. On a également mesuré que, tout au long du xxe siècle, la baisse de la consommation des moteurs de voiture n'a pas produit une diminution globale de la consommation de carburant : le parc automobile s'est accru, les conducteurs parcourent de plus grandes distances et surtout les voitures sont plus grosses, plus puissantes, plus lourdes et possèdent des technologies embarquées qui consomment toujours plus d'énergie – le fantasme toujours actif de la voiture totalement autonome continuerait d'augmenter significativement les consommations d'énergie. Le phénomène est prégnant : de même, en Allemagne ou en France, on a constaté que les opérations de rénovation énergétique des logements n'ont pas produit l'effet attendu en termes de baisse de la consommation[2].

1. William Stanley Jevons, économiste et logicien anglais du xixe siècle, a développé ce paradoxe en étudiant l'évolution de la consommation énergétique anglaise avec l'émergence des machines à vapeur alimentées au charbon, qui amélioraient considérablement son usage, mais au lieu de le réduire, conduisirent à ouvrir de nouvelles opportunités et à faire croître de manière considérable la consommation de charbon. Une analyse des effets rebonds de la sobriété est présentée dans le livre de Florent Laroche, *La face cachée de la sobriété*, La Tour-d'Aigues, l'Aube, 2025.

2. « Les certificats d'économies d'énergies », Cour des comptes, 17 septembre 2024.

On peut tenir de nombreuses discussions politiques, géopolitiques, philosophiques, technologiques même, l'urgence pour un modèle durable reste donc de changer de système énergétique. Ce chantier est autant gigantesque que prioritaire par rapport à tous les autres, car nous verrons qu'effectivement il pourrait faire changer les lignes de beaucoup d'autres problèmes si l'on acceptait réellement de le résoudre en priorité.

Gigantesque, ce chantier l'est effectivement, parce qu'il est cinétique : massif et rapide. Cependant, le monde politique et, par effet des médias, l'opinion ne veulent pas prendre conscience du caractère indépassable de l'enjeu.

Rapide : il s'agit en moins de trente ans de basculer d'un modèle énergétique entièrement fossile – qui a mis cent cinquante ans à se mettre en place, qui, du fait de l'énergie utilisée pour nos activités, conduit aujourd'hui à émettre annuellement plus de 35 milliards de tonnes de CO_2, qui a puisé en vingt ans un tiers du « budget carbone[1] » dont dispose notre planète pour rester sous le seuil d'une

1. Le budget carbone (c'est-à-dire le CO_2 émis par les activités humaines en sus du cycle naturel d'émission – absorption du système terre) estimé par le GIEC pour rester sous une courbe de réchauffement de la température depuis le début de l'ère dite industrielle (1870) inférieure à 2 °C, serait estimé autour de 3 200 GT. Nous en aurions consommé 2 600 depuis le début de l'ère industrielle, et le réservoir restant est estimé entre 600 et 1 100 GT selon les courbes visées (sans tenir compte des effets d'accélération qui sont déjà constatés). Au rythme actuel, cela représente entre quinze et vingt-cinq ans de nos émissions. Les chiffres varient selon de multiples hypothèses, mais convergent sur les ordres de grandeur.

augmentation de deux degrés de la température globale[1] depuis le début de l'ère industrielle, qui forme la base de tout notre système industriel – à un niveau net de zéro. Le monde a mis un siècle et demi à atteindre 35 gigatonnes d'émissions, et d'ici 2050 il faudrait tout transformer !

Massif : à ce considérable enjeu de vitesse s'ajoute un enjeu de masse, si l'on considère les investissements nécessaires dans cette seule décennie, estimés entre 40 et 90 trillions d'euros[2]. Pour comprendre la massivité de ce chiffre, rappelons qu'aujourd'hui le total des investissements mondiaux dans le secteur de l'énergie (fossile et non fossile) oscille entre 1,5 et 2 trillions (Tn) d'euros par an[3], dont seule une petite moitié est allouée aux énergies et infrastructures de transition. Il s'agit bien de changer complètement d'échelle, puisque c'est la part non fossile qui doit déployer 40 à 90 Tn !

Les 40 à 90 trillions d'euros représentent un rythme d'investissements dédiés aux systèmes de production, de distribution et d'usage d'énergie renouvelable et bas carbone d'environ 5 trillions par an dans les années qui

---

1. Il est déjà quasi acté que l'objectif de 1,5 degré est inatteignable.
2. Source : « Investment Needs of USD 35 trillion by 2030 for Successful Energy Transition », Irena, mars 2023. Les calculs sont multiples pour estimer les investissements nécessaires sur la période à venir, car ils dépendent eux-mêmes des évolutions des courbes de coûts, de l'évolution de nos modèles énergétiques, de la démographie, de la croissance. Mais l'ordre de grandeur de 40 à 90 trillions d'euros donne une bonne mesure de l'enjeu. Le rapport Stern (New Climate Economy Report) évoquait 90 trillions en quinze ans.
3. 1,4 trillion en 2022. Cf. *World Energy Investment 2022*, IEA, juin 2022.

viennent – et qui devra continuer dans les décennies suivantes – un chiffre à comparer à la part dédiée aujourd'hui au déploiement des formes de production et de distribution d'énergie durable (incluant la production et le déploiement des infrastructures de distribution et d'usage), soit environ 500 milliards d'euros[1] sur les 1500 à 2000 milliards investis annuellement dans le secteur de l'énergie. Il faut donc multiplier l'effort actuel par au moins dix pour nous rapprocher d'une tendance permettant de rester sous les deux degrés d'augmentation de la température globale[2].

La lutte contre le réchauffement climatique a donc une dimension cinétique, l'effet de la masse et l'effet de la vitesse se combinant. Les enjeux en cause sont tellement gigantesques qu'on ne pourra y faire face qu'en mobilisant des moyens financiers, technologiques et humains considérables, rapidement et mondialement.

C'est ainsi en regardant d'abord l'énergie qu'on peut approcher différemment le cœur du fonctionnement de notre système économique, et en repenser les principes mêmes.

---

1. Selon les derniers chiffres de l'IEA, même si 2023 a atteint un pic avec 2 trillions pour les infrastructures de la transition.

2. Cette dynamique comporte en elle-même son effet rebond, puisque la production des équipements pour transformer nos infrastructures (béton, acier, extractions minières) génère sa propre accélération de consommation énergétique. C'est notamment cette dynamique qui conduit de nombreux scientifiques engagés, comme Pablo Servigne (*Comment tout peut s'effondrer*, Seuil, 2015), à considérer que nous n'avons pas même véritablement les ressources suffisantes pour accéder à ce nouveau plateau de production vertueuse.

La transition énergétique : un défi pour les principes de notre économie libérale

Nous avons l'habitude de voir le marché permettre que le progrès technologique diffuse ses bienfaits en termes de qualité et de prix des produits et services que nous achetons, toutefois ce théorème ne s'applique pas aussi simplement à l'accès à l'énergie. Depuis plus d'un siècle, nous nous sommes comportés en matière de consommation énergétique comme des nababs[1]. De plus, en utilisant des énergies fossiles, nous avons bénéficié sans nous en rendre compte de leurs pouvoirs extraordinaires : ces énergies sont gratuites, enfouies, disponibles à l'extraction et leur usage est relativement aisé. De même que l'importance des êtres et des objets apparaît essentiellement par le manque que laisse leur disparition, l'ironie de l'histoire est que nous en prenons conscience seulement aujourd'hui, à l'heure où il nous faut nous en passer.

L'abondance du charbon et son extraction relativement aisée dans les premiers temps donnèrent le coup d'accélération à la révolution industrielle, sans lequel nous ne serions pas capables aujourd'hui de concevoir les technologies alternatives pour en sortir. Puis le pétrole, par sa

1. On peut se référer aux analogies célèbres de Jean-Marc Jancovici sur le nombre « équivalent » d'esclaves qui seraient nécessaires pour apporter la force mécanique qui nous est transmise (sous forme mécanique ou électrique) par l'énergie utilisée chaque jour par chacun d'entre nous pour nos besoins, soit environ 400 pour un Français moyen.

densité énergétique en volume et en poids, a naturellement constitué l'énergie clé, la plus intéressante pour nos besoins communs[1].

Nous découvrons la frustration que cause la sensation d'avoir mangé son pain blanc et de devoir se contenter d'un substitut bien moins agréable… Le coût de l'énergie va désormais être bien supérieur.

En effet, ce que nous offrait l'énergie fossile nous aura coûté beaucoup moins cher que ce que coûteront globalement les transformations futures qui vont permettre le basculement d'un modèle à un autre : les technologies renouvelables, l'électrification des usages, la diffusion plus générale de l'hydrogène et d'autres vecteurs permettant de compenser les limitations de l'énergie renouvelable ou de prolonger les capacités de l'énergie nucléaire pour des usages aval qui ne peuvent être simplement satisfaits par l'électricité, mais aussi le déploiement de l'ensemble de ces systèmes énergétiques alternatifs, même si son coût s'est réduit à une vitesse considérable (de 400 €/MWh au début des années 2000 à moins de 30 €/MWh dans certaines régions pour l'énergie solaire). Du fait de ce surcoût, la part de l'énergie dans le PIB va croître. Dans quelle proportion ? Nul ne le sait encore, tant il dépend des autres éléments des modèles économiques de nos sociétés développées. On sait

1. Sans parler de son rôle dans la dissociation progressive de la bataille capital-travail, bien illustrée dans plusieurs études et notamment celle de Gaël Giraud – « À l'heure où les énergies fossiles se raréfient, comment reconstruire le sens, pour ne pas céder à la peur du rien ? », in « Le nihilisme de l'après-pétrole », *Esprit*, mars-avril 2014.

seulement avec certitude que le coût de revient pour le particulier d'une énergie totalement verte, lissée et disponible 24 h/24 h, sera plus élevé à terme. Et les bénéfices en termes de santé, de qualité de vie, d'impact sur l'emploi dans certaines régions, etc., n'en seront qu'indirects et probablement différés dans le temps.

Nos économies vont donc devoir se réorganiser sans utiliser tous les moteurs usuels de développement et de succès que nous connaissons dans les marchés classiques de produits et de services.

La lutte contre la fin du monde contribuera à améliorer les fins de mois, mais de manière indirecte et sur tous les paramètres que nos modèles économiques ont dépréciés au sens monétaire, alors même qu'ils sont les plus essentiels à nos vies communes, à savoir les infrastructures, la santé, l'ensemble de nos systèmes de protection et de prévention des risques de la vie, qui sont durablement affectés par les effets du réchauffement. Des services essentiels au vivre ensemble souvent dévalorisés, parce que payés par le système redistributif collectif, qui conduit à déconnecter leurs bienfaits de leur valeur, en transformant l'appréciation de leur valeur en une frustration fiscale. Les économistes appellent parfois cela les externalités positives, pas sûr que cela traduise totalement la valeur réelle, et mal appréciée, de ce socle qui fait notre vécu collectif.

Dans certains cas, cette transition peut mettre à bas les économies florissantes des pays richement dotés d'énergies fossiles, qui n'ont rien demandé et ne discernent pas pourquoi ni comment ils devraient sacrifier leurs sources principales de croissance, de souveraineté et d'influence sur la planète, pour sauver tout le monde, sauf eux !

L'altruisme est d'autant plus facile à convoquer quand on n'a pas grand-chose à perdre. C'est le cas d'une grande partie de l'Occident européen, qui reste très dépendant des énergies fossiles importées[1] et pour lequel le basculement n'est pas aussi contraignant à long terme que pour les pays dont les richesses sont directement indexées sur les trésors de leur sous-sol. C'est là qu'un changement de point de vue devient nécessaire, pour que la crise se transforme en opportunité de changement : pour que le péril à venir soit considéré comme une occasion unique de revisiter leurs dépendances géopolitiques aux acteurs de l'énergie, en élargissant et diversifiant bien plus les sources d'accès et en gagnant ainsi leur souveraineté[2].

Faire appel à l'altruisme révèle la deuxième entorse aux principes qui ont fait le succès de l'économie libérale productiviste et consumériste des trente dernières années : les bénéfices individuels de la transition énergétique n'existent que s'ils sont collectifs. Celui qui a acheté une voiture électrique l'a compris, celui qui ne l'a pas fait aussi, cette acquisition aujourd'hui encore assez coûteuse n'a de bénéfice pour le climat que si elle est collective et généralisée. Pour celui qui s'y lance le premier, le bénéfice est faible, autre

1. Voir sur ce sujet les grands éléments de chiffrage dans un papier publié par le think tank Grand Continent : Pierre-Étienne Franc, « Europe de l'énergie : de l'intégration à la puissance », *legrandcontinent*, 4 avril 2024.

2. J'ai développé quelques éléments sur les approches respectives chinoise, européenne et américaine sur le sujet, dans l'article « Énergie et climat : le bon, la brute et le truand » publié chez *Sans Doute*, 12 février 2025.

que la bonne conscience, parfois ternie par les débats qui demeurent sur la réalité du bénéfice écologique (cycle de vie des batteries, nature de l'électricité) et encore contrariée par les contraintes d'autonomie et de charge qui peuvent parfois dégrader l'expérience client du conducteur. Le véritable bénéfice escompté d'une voiture électrique, à savoir une réduction des particules fines et du CO_2 – qui est elle aussi potentiellement contestable, quelques études montrant que le surpoids d'une voiture électrique accentue la recirculation des particules au sol et renforce les émissions de particules provoquées par l'usure des pneus –, ne pourra être constaté que si l'ensemble de nos concitoyens l'adoptent pareillement.

Pas de bénéfice individuel sans bénéfice collectif: nous sommes à l'opposé des modèles de croissance libérale, qui créent de la valeur par la différenciation et l'individualisation des bénéfices perçus.

Avançons un cran plus loin: lutter contre le réchauffement climatique consiste à défendre les intérêts de nos enfants ou de nos petits-enfants, à préserver les conditions de vie de populations souvent bien éloignées de notre microcosme local, français ou même européen. On peut se faire peur en pensant que demain les grands vins de bordeaux ne pourront plus être produits en Aquitaine, mais il y aura de la vigne sur les côtes sud de l'Angleterre; on peut constater que le réchauffement fait déjà partie du débat public par ses conséquences *hic et nunc* sur l'assèchement des sols et l'érosion des côtes africaines; on peut déplorer l'accroissement des inégalités, la sécheresse et les phénomènes extrêmes dans les terres d'Afrique et du Proche-Orient, et pressentir assez bien que ceux-ci font partie des causes des guerres, des famines et des émigrations massives dont nous déplorons les conséquences, les risques et les impacts sur nos sociétés occidentales protégées.

Mais les conséquences directes, immédiates, pour nos vies collectives restent encore relativement supportables, même si les rappels quotidiens d'errances climatiques ou les débats sur l'immigration en constituent des formes récurrentes et de plus en plus prégnantes de manifestations chez nous, avec leurs tensions. De fait, le moindre geste individuel, celui du consommateur conscient, du producteur vertueux ou du citoyen engagé, flatte notre bonne conscience et nos aspirations morales, mais il n'aura d'impact que s'il est collectif, surtout il aura un impact sur d'autres que nous, bien plus tard ou très loin d'ici ! « Dieu se rit des prières qu'on Lui fait pour détourner les malheurs publics, quand on ne s'oppose pas à ce qui se fait pour les attirer », écrivait Bossuet. Nous en sommes là, mais c'est un rire jaune et Cioran eût pu y ajouter la tristesse…

Pour ces raisons, le basculement n'est, individuellement ni même collectivement, facile ni à décider ni à déployer ; il y faut un soutien politique massif.

On pourrait tirer argument de l'accélération de la capacité des consommateurs à changer, que révèle l'évolution du taux d'équipement : il a fallu vingt ans pour équiper en téléviseurs la moitié de la population française, dix ans en réfrigérateurs, seulement quelques années en téléphones portables, et plus récemment ChatGPT a touché 200 millions de personnes en seulement quelques mois, un record absolu dans le déploiement des usages et on est aujourd'hui sur un rythme d'usage hebdomadaire par 400 millions d'individus. L'économie numérique s'est déployée d'abord grâce à ses bénéfices individuels immédiats, permettant une diffusion massive dans les foyers ; et par ce biais une nouvelle économie de la valeur, fondée sur l'exploitation des nombres et non plus l'accès aux individus, s'est superposée à ce déploiement. Mais il n'y a rien de comparable avec la transition énergétique, qui ne peut utiliser le levier dont a profité le digital, puisqu'elle n'offre au consommateur rien de mieux qu'une énergie ne proposant aucun bénéfice nouveau et répondant simplement à son besoin, de manière certes « propre », mais souvent plus cher[1].

Élément aggravant, les échelles de temps ne sont pas les mêmes. Si l'on retrace à grandes enjambées l'histoire des grandes vagues énergétiques depuis quatre-vingts ans, on constate qu'il a fallu quarante ans à l'économie du gaz naturel liquide, que nous sommes bien contents de trouver en abondance dans le contexte de la guerre en Ukraine, pour représenter une contribution à nos approvisionnements en énergie pour environ 20 exajoules, c'est-à-dire environ 3 % de l'énergie primaire mondiale. Pendant ces longues quarante années, les techniques ont été développées par les Américains et les Français, et le marché a été développé par les Japonais, peuple insulaire qui, ne possédant pas d'énergie propre, avait besoin de trouver un complément au pétrole pour ne pas en être dépendant. Quant à notre industrie nucléaire tant fantasmée en France, il aura fallu cinquante ans pour qu'elle atteigne un peu plus de 10 % du mix électrique mondial, soit quelques pour cent de l'énergie

1. Les analyses de certains groupes d'assurance montrent, ceci étant dit, que le scénario « BAU » (on ne change rien), conduira à l'effondrement de nos modèles.

totale[1]. La seule énergie qui progresse désormais à une vitesse considérable, l'énergie renouvelable – sa croissance est de presque 1 % du mix chaque année, notamment dans les dernières années –, a mis trente ans à atteindre moins d'1 %. Pourtant la dynamique est aujourd'hui très rapide : la Chine a déployé en 2023 plus de 300 GW de capacité renouvelable (et 375 GW en incluant le nucléaire, et investi plus de 85 bn€ dans les réseaux de transport et distribution électriques[2]), soit l'équivalent de tout le parc installé en Europe pendant les trente dernières années, et le monde a déployé 500 GW en un an. Alors même que nous n'avons plus le temps, nous devons accepter que le cycle de l'énergie ne se déploie pas rapidement.

Regardons d'autres bouleversements majeurs. L'histoire nous apprend que les grandes révolutions sociétales furent d'abord le produit de mouvements politiques. L'institution de l'école obligatoire, la création des congés payés ou l'accès des femmes au marché de l'emploi constituèrent une valeur économique et sociale considérable : ces décisions furent à l'époque des choix politiques particulièrement forts et clivants. Sans choix politique vigoureux, ces basculements fondamentaux de nos modèles sociétaux n'auraient pas eu lieu. Pour la transition énergétique, nous sommes confrontés à des problématiques semblables, mais cette fois dans un périmètre de référence qui n'a de sens que mondial.

---

1. La part du nucléaire dans le mix énergétique mondial est estimée selon les derniers chiffres de l'IEA entre 3 et 3,5 %.
2. Caroline Wang, « China hit new record of solar and wind power capacity additions in 2024 », *climateenergyfinance.org*, février 2025.

Cette dynamique de développement est d'abord une question politique, mais elle ne peut se développer sans le secours de toutes les forces économiques et technologiques disponibles, qui sont dans les mains des grands acteurs du monde de l'industrie et de la finance.

Une décision politique sans capacité technologique – le déploiement du solaire, de l'éolien ou des voitures à hydrogène – et sans capacité de financement à l'échelle ne sert à rien. La promesse technologique seule est illusoire sans le relais possible d'une volonté politique. La technologie peut beaucoup, mais ne résoudra rien sans la dynamique politique et sociale.

Il est d'ailleurs probable que la bascule de nos sociétés vers des logiques technophiles où tous les moyens sont bons pour réduire chaque jour un peu plus notre engagement dans des tâches et occupations traditionnelles, au nom de la quête permanente de l'homme pour réduire son « effort à vivre », non seulement renchérit évidemment la demande énergétique générale (aussi efficiente soit-elle), mais surtout achève de nous déconnecter du rythme intrinsèque de notre monde biologique et génère un appétit insatiable d'objets et de simulacres d'activités qui nous déprennent d'une assise plus simple et parfois bien plus profonde au monde. Nous y reviendrons, car c'est ici que s'esquissent les stratégies du talon…

Au-delà, la transition énergétique bouleverse également les principes de la production et de la distribution d'énergie.

Repenser le mode de création de la valeur

Notre système énergétique n'est pas si vertueux. Tous ceux qui pointent les déficits d'efficacité d'un monde renouvelable oublient souvent de rappeler que l'efficacité intrinsèque entre l'énergie primaire disponible et celle qui vient faire rouler nos véhicules, chauffer nos immeubles et fabriquer les objets et produits de notre vie quotidienne, est d'à peine plus d'un tiers ! Ainsi, si j'extrais l'équivalent d'un baril de pétrole d'un puits conventionnel, près de 20 % auront été utilisés en énergie d'extraction, de traitement, de raffinage et de transport et de remplissage du réservoir, puis entre 50 et 60 % perdus dans le processus de combustion de l'essence, une partie faisant rouler le véhicule et fonctionner les auxiliaires (climatisation, électronique), et le reste… chauffe l'air.

Mais, en général, ce système est peu cher. « *It's the economy, stupid!* » Parce que longtemps les technologies et investissement requis pour extraire un baril de pétrole, compte tenu de la qualité et de la longévité des puits conventionnels ou encore des mines de charbon, étaient relativement modestes. Plus notre monde bascule vers la maîtrise d'énergies complexes, plus les coûts d'investissements et la part des investissements monte, tandis que les rendements intrinsèques d'extraction diminuent.

Cependant, comme nous basculons dans un monde où le flux d'énergie est renouvelable, donc presque « infini », la question n'est plus le rendement, mais l'accès et l'optimisation des actifs déployés pour ce faire.

La transition énergétique fonctionne ainsi à l'inverse des principes qui ont fait le succès de l'économie libérale productiviste et consumériste des trente dernières années.

Premièrement, les paramètres du pilotage financier de nos systèmes énergétiques, devenus inopérants, doivent être revisités. Dans le nouveau modèle climatique, la valeur ne dépend plus du coût marginal de la matière première à transformer, mais de la capacité à utiliser le plus longtemps possible dans l'année les actifs de production d'énergie. Désormais, le coût du capital, et donc le niveau des taux d'intérêt, jouent un rôle central dans la capacité future à disposer de prix bas. Quand hier le prix dépendait d'une logique de marché et des flux de circulation des matières premières, demain il sera essentiellement dépendant du taux de rendement des actifs immobilisés, puisque le coût variable de l'énergie renouvelable sera quasiment nul. Ainsi, une variation des taux d'intérêt de la dette de 2 % à 4 % accroît de plus de 40 % le coût de revient de l'électron produit, toutes choses égales par ailleurs en matière de levier et de rendement – ce qui en théorie et en pratique est faux, puisque, si les taux montent, l'espérance de rendement va croître du fait du risque de crédit.

Ainsi, le prix ne dépend plus de ce qu'on appelle le coût marginal de l'unité de production complémentaire, il peut être totalement ajusté en fonction du segment de marché, puisque le coût variable devient quasiment nul : le vent et le photon ne coûtent rien, ce qui coûte est la capacité à investir pour les capter et la capacité à capter le maximum de ces sources gratuites tout au long de l'année.

Dès lors, les principes même du système de production et de distribution de l'énergie s'inversent totalement.

Il fallait auparavant développer des capacités d'extraction, de transformation et de transport de stocks d'énergie disponible en flux distribuables dans les zones en demande : l'objectif était de fluidifier les stocks.

Désormais, il faut capturer les flux d'énergie disponible les plus pertinents pour les stocker et les transporter vers les zones d'usage : l'objectif devient de stocker les flux.

La seule donnée qui ne change pas ou peu est une forme d'inégalité géographique dans la répartition des ressources énergétiques les plus abondantes et les moins chères ; l'Europe reste irréversiblement en déficit, comme la Corée du Sud, le Japon, Taïwan et Singapour, quelques-unes des grandes plaques tournantes de notre industrie pétrochimique et de pointe[1]. C'est d'ailleurs l'une des raisons qui justifient la forte détermination européenne, car non seulement elle porte un enjeu de conscience et de leadership moral ou historique, mais aussi et surtout, en ces temps de géopolitique perturbée, un moyen d'ouvrir le champ des

1. On mentionnera incidemment que contre toute attente les principaux leaders mondiaux dans les grands secteurs industriels énergivores ne sont pas forcément les plus riches en énergie, illustrant ainsi à merveille ce constat de Yanis Varoufakis, l'ancien ministre de l'économie grec, dans un livre de pédagogie sur l'économie (*Un autre monde est possible : pour que ma fille croie encore à l'économie*, Flammarion, 2015), qui rappelait que ce sont souvent les nations les moins fertiles sur le plan agricole qui se sont développées le plus vite, par le seul besoin de stocker et gérer les ressources, et donc de créer les mécaniques (mathématiques), les équipements (stockage, transport, distribution) et la gouvernance (émergence d'une structure publique d'administration) de ces ressources rares.

sources d'énergie accessibles, donc de redistribuer les cartes de la géopolitique de l'énergie et réduire nos dépendances extérieures vers les pays les moins fiables, surtout de varier les sources selon nos priorités géostratégiques et, de ce fait, accentuer considérablement nos options de sécurité énergétique et alimentaire.

L'énergie ne fonctionne ainsi plus totalement à la demande, mais en fonction de la disponibilité et de la capacité à trouver des vecteurs de stockage de ce qui est produit mais inutilisé, pour les utiliser lorsque l'offre n'est pas suffisante pour couvrir la demande.

Cela donne au stockage une source de valeur nouvelle. Aujourd'hui, si le stock d'actifs énergétiques renouvelables n'a pas encore atteint un seuil de développement qui permette de développer une source d'énergie renouvelable majoritaire et croissante dans le mix énergétique global, il faut probablement en chercher aussi l'explication dans l'absence de moyens efficaces de stockage et de valorisation des énergies renouvelables délocalisées dans des zones à fort potentiel mais à faible demande. L'essor de la prise en compte des potentialités de l'économie de l'hydrogène et de ses produits dérivés (ammoniaque, méthanol, etc.) change profondément la donne, puisqu'il permet d'envisager effectivement de déployer de manière rapide, en quelques années et non en quelques dizaines d'années[1], de manière massive, jusqu'à plusieurs GW de capacité au lieu de quelques centaines de MW, et ultra-compétitive,

1. Le temps de mise en œuvre des grands projets d'énergie renouvelable en Europe est globalement de cinq à huit ans pour les énergies au sol, parfois plus de dix ans pour les énergies offshore.

dans les zones où les taux d'ensoleillement et de prise au vent permettent d'atteindre une charge combinée de 60 à 70 % de l'année contre 30 à 40 % dans nos régions et sous nos latitudes... Il permet également de trouver des vecteurs, pipelines ou bateaux, pour transformer et transporter l'énergie d'un point à un autre. Cela change la donne géopolitique à moyen terme de manière considérable pour quelques pays qui deviennent des forces énergétiques en puissance (le Maroc par exemple) et d'autres, qui peuvent ainsi revisiter leurs stratégies d'importations dans un champ bien plus large que le pétrole et le gaz.

Le nouveau modèle énergétique nécessite enfin de repenser totalement les notions, chères à nos ingénieurs, de rendement et d'efficacité, qui doivent être modulées face aux évidences de marché et d'accès, comme c'est déjà le cas aujourd'hui.

Notre modèle énergétique actuel, profondément compétitif, est toutefois particulièrement inefficace. Nous perdons près de 30 % de l'énergie finale avant les pertes de conversion[1]. Un moteur thermique de voiture, très efficace pour fournir un confort d'usage, de l'autonomie, un prix abordable et des prestations de charge rapide, n'a qu'un rendement très inefficace (moins de 30 %[2]).

1. Il faut prendre en compte également des pertes de 50 % sur les 70 % restants. En 2021, sur une énergie disponible pour les usages finaux de 417 EJ dans le monde, 600 EJ d'énergie primaire ont été nécessaires. Cf. *Key World Energy Statistics 2021*, IEA.
2. Cf. « Where the Energy Goes: Gasoline Vehicles », *fueleconomy.gov*.

Le développement des pétroles non conventionnels a divisé les rendements d'extraction par un facteur de près de cinq, parfois vingt ; on avait besoin d'un baril de pétrole pour en extraire plus de cent dans les puits conventionnels au début de l'ère pétrolière, on est passé à un ratio qui peut descendre parfois jusqu'à un pour cinq[1].

Quant à l'énergie renouvelable, le rendement de conversion du potentiel photovoltaïque plafonne avec les technologies existantes déployables à l'échelle à environ 20 %[2]. Ceci permet d'ailleurs à Elon Musk d'affirmer qu'un passage au tout électrique nécessiterait *in fine* moins de demande en énergie primaire, parce que le taux de transformation globale serait quasiment doublé, ce qui est très probablement le cas sur une partie des transports, moins nettement si l'on tient compte des inévitables pertes de rendement – puisqu'il faut aller chercher le renouvelable là où sa production est la moins coûteuse, la plus massive et la plus rapide pour l'amener, transformé, dans les pays qui en ont besoin. Mais dans un cas il s'agit d'une ressource rare et finie, dans l'autre d'une ressource abondante et renouvelable, et ce débat, qui semble anodin, est fondamental si on regarde la structure de coût de long terme.

L'enjeu n'est plus directement le rendement – même si, bien sûr, plus les rendements sont élevés, mieux l'économie se porte –, mais la capacité à produire et aller chercher l'énergie renouvelable là où elle est le plus rentable, là où

1. URL : <https://theworld.org/stories/2013/08/15/energy-costs-oil-production>.

2. URL : <https://www.nrel.gov/pv/module-efficiency.html>.

elle génère le moins de conflits avec les zones d'habitation et d'activité humaine, enfin là où l'impact de son déploiement sur les écosystèmes vivants reste le plus acceptable.

Les grandes zones ventées et ensoleillées qui présentent les plus hauts potentiels pour devenir de grands parcs renouvelables sont essentiellement des déserts, des terres vierges qui offrent ainsi un possible usage critique pour l'avenir énergétique de la planète : des territoires le long des côtes africaines (notamment Namibie, Afrique du Sud), le Moyen-Orient, le Maroc, l'Australie, le sud du Chili… Les conflits d'usage des sols ou de propriété (*not in my backyard*), les atteintes à la diversité du vivant y sont globalement plus faibles que dans les zones richement boisées et fertiles, et plus faciles à gérer que dans les zones densément peuplées de notre vieille Europe où la perspective de la vue d'une éolienne suffit à faire lever les boucliers.

Le potentiel de développement pour les pays concernés est gigantesque, mais ces futurs lieux de génération des grandes sources d'énergie renouvelable de demain sont éloignés des centres de consommation. En effet, les espaces de besoins d'énergie, l'Europe, le Japon, la Corée, Singapour, Taïwan…, sont marqués par une population très importante sur une petite surface, une densité d'équipements élevée, des systèmes productifs encore très fossiles et une complexité administrative qui freine le déploiement de systèmes d'énergie renouvelable.

À bien y réfléchir, le monde énergétique de demain sera de fait similaire dans son déséquilibre à celui d'aujourd'hui : des régions entières, très fortement développées, ne sont pas autonomes en énergie propre, pas plus qu'elles ne l'étaient en énergie fossile. C'est le cas des cinq zones consommatrices d'énergie citées plus haut, qui représentent encore aujourd'hui à elles seules… plus de 15 % de la demande mondiale en énergie, mais surtout l'essentiel du commerce énergétique interrégional. Aujourd'hui déjà, les grands gisements se trouvent fort éloignés de nos centres de consommation, de sorte que près de 35 %[1] de notre énergie circule d'un continent à un autre (et que le transport d'énergie représente à lui tout seul près de 40 % du trafic maritime mondial), d'autant mieux que le pétrole et même le gaz naturel liquéfié se transportent aisément d'un lieu à un autre.

D'un autre côté, il existe des continents-mondes, qui ont la chance de disposer d'énergie fossile et d'énergie renouvelable, et sont assez vastes pour installer les infrastructures nécessaires : le continent nord-américain, la Chine, l'Inde, la Russie. Pour les Chinois, qui possèdent des ressources éoliennes et solaires considérables, il s'agit non seulement d'une amélioration de la qualité de l'air, mais aussi d'un enjeu de souveraineté énergétique, en saisissant l'opportunité de réduire leur dépendance au pétrole dont ils disposent peu.

On constate que le mix énergétique se décarbone progressivement, assurément pas assez vite, mais de plus en plus vite ; simplement, le passage par le renouvelable signifie essentiellement un passage par l'électricité ou des formes d'énergies non électriques circulaires.

---

1. Ce chiffre ne tient compte que des volumes d'énergie circulant sous forme énergétique et non de la part de l'énergie indirectement contenue dans les volumes d'échanges en produits intensifs internationaux. Cf. « Global Energy and Climate Outlook 2022 : Energy trade in a decarbonised world », European Commission, 2022.

De quoi parle-t-on ? Il s'agit en trente ans d'augmenter de 20 % à plus de 40 % la part électrique du mix énergétique mondial. La tendance a commencé, puisque chaque année près de 200 GW[1] de capacité électrique renouvelable sont installés dans les années 2020 avec un pic à 580 GW en 2024, soit beaucoup plus de 50 % de la capacité énergétique nette installée chaque année. Mais, comme les taux de charge de ses capacités restent faibles, entre 25 et 40 % du temps[2], de manière globale l'offre énergétique renouvelable croît, mais moins vite que les sources fossiles, notamment à base de charbon dans les pays émergents, à commencer par la Chine et l'Inde[3]. Cependant, la courbe des premiers progresse vite et l'accès demain à des solutions de production massive d'énergie renouvelable dans des zones désertiques et isolées, et de valorisation sous des formes et des vecteurs transportables (ce qui remontera à la fois les capacités et les taux de charge) devrait modifier la tendance. En parallèle, la baisse progressive des augmentations des capacités de production à base d'énergie fossile, inscrite dans les contributions nationalement déterminées (NDC) des pays engagés dans les COP, accélérera le basculement.

1. Avec un record de 500 GW en 2023. « World Adds Record New Renewable Energy Capacity in 2020 », *irena.org*, 5 avril 2021.
2. Sans compter les capacités qui ne sont toujours pas connectées aux réseaux par défaut de renforcement des réseaux de transmission et distribution électrique, qui est une source croissante d'inquiétude aux États-Unis, et dans de nombreux pays d'Europe, à commencer par l'Allemagne.
3. 7 GW de hausse de capacités installées en 2022 pour ces seuls deux pays.

L'enjeu est massif. Il faut plus que doubler la part de l'électricité dans le mix mondial, ce qui signifie plus que tripler la production totale, et encore faut-il électrifier les usages et trouver le plus rapidement possible des substituts aux fuels et gaz qui sont utilisés pour l'ensemble de nos besoins de mobilité et les besoins des grands secteurs industriels intensifs en énergie.

Or répondre à ces enjeux d'investissements considérables requiert des capacités de déploiement accélérées, la maîtrise des investissements et la capacité à lever des fonds pour mobiliser les acteurs financiers sur ces actifs « utiles » avec des principes de financement permettant de larges effets de levier. Bref, un déploiement massif de capitaux, rapide et organisé. La transition énergétique est une opportunité à la hauteur de son coût: colossale, pour ceux qui sauront la saisir.

La facture colossale de la transition énergétique

Quel que soit le rythme d'évolution de nos mix énergétiques et de nos consommations finales d'énergie, quelle que soit également la baisse attendue, il est évident que le nouveau modèle énergétique nécessite une refonte à peu près complète de nos infrastructures et de nos grands équipements industriels, tertiaires et de transport. Quand bien même nous accepterions de basculer vers un modèle de sobriété, ce qui reste doit impérativement être décarboné. De plus, la sobriété elle-même se prépare et signifie une énergie moindre, plus efficace et décarbonée.

Or les infrastructures de notre modèle économique ont été construites au moment de l'avènement du pétrole au début du siècle dernier et ont mis cent cinquante ans à produire l'efficacité prix actuelle, avant les enjeux d'efficacité énergétique et d'externalité carbone. Le modèle continue tranquillement sa route à coups d'investissements de 1500 à 2000 milliards d'euros chaque année dans le monde, entre nouveaux gisements, plateformes, unités d'extraction, de liquéfaction, de conditionnement, d'acheminement et de raffinage, centrales de production thermique, centrales renouvelables, et montée en puissance encore balbutiante des investissements d'infrastructures pour accompagner l'électrification de nos transports et de nos industries.

La part des investissements annuels consacrée au développement des productions primaires renouvelables oscille entre 30 et 40 % depuis quelques années et n'a pas encore dépassé la barre des 50 % de la production annuelle, même si en capacité nette (avant taux de charge), cette barrière est désormais franchie. Le record de capacités installées en 2023 illustre que, dans les installations de production primaire, la dynamique est là. Il reste à déployer l'aval (réseaux de transport et de distribution, conversion des systèmes aval, usage de vecteurs de transport non électriques pour les longues distances et conversion des secteurs aval énergivores non substituables à l'électricité).

Quel serait le coût de la bascule vers un régime énergétiquement propre ? Les investissements nécessaires pour suivre un rythme de conversion de nos infrastructures de production, de transport, de distribution et d'usage d'énergies renouvelables sont donc estimés à pas moins de 5000 milliards d'euros par an pendant les vingt prochaines années. D'autres rapports récents parlent de 250000 milliards étalés sur les trente prochaines années (soit 8 000 milliards par an)… Nous en sommes loin : cela représente l'équivalent de 5 à 10 % du PIB mondial à injecter dans l'économie chaque année pour déployer au plus vite les infrastructures qui permettront d'enclencher une dynamique renouvelable acceptable, y compris nucléaire.

Plus les analyses progressent, plus les chiffres montent, car chaque étape de conversion du modèle vers des modèles propres, électriques ou électro-dépendants fait apparaître l'immense infrastructure aval qui a été construite sur des bases fossiles et doit être reconfigurée, avec davantage d'infrastructures pour les électrons et des infrastructures reconfigurées pour ce qui restera en gaz ou en liquide.

Il n'est pas impossible que ces estimations continuent de croître au fur et à mesure de la prise de conscience, par les autorités publiques de toutes les grandes géographies, de l'importance des enjeux.

Ces chiffres ne tiennent que partiellement compte des enjeux d'investissements pour nous prémunir contre les conséquences du réchauffement et qui alimentent un cycle dangereux de besoins complémentaires de production d'énergie pour protéger les habitants contre des températures insoutenables (plus de systèmes de climatisation) et les populations des zones à risques (côtes, zones sismiques, zones montagneuses, sols fragilisés).

C'est donc un gisement d'investissement unique dans l'histoire qui se présente devant nous, par sa taille et par l'urgence de son déploiement. On peut y voir un risque, mais c'est avant tout une gigantesque opportunité pour nos sociétés, si tant est que nous soyons capables de l'appréhender correctement et rapidement.

L'équation est en effet complexe. Car il s'agit de s'accommoder d'un modèle économique très nouveau, qui est celui du déploiement d'infrastructures dites de substitution.

Cela pose quelques problèmes simples à comprendre.

Tout d'abord, dans le monde de l'infrastructure et particulièrement dans ce nouveau paradigme énergétique, il s'agit de plaquer sur un usage existant et réalisé très efficacement sur le plan économique une nouvelle infrastructure qui donne à peu près le même usage (produire et acheminer de l'énergie), plus propre mais en général plus cher. La difficulté première est de valoriser un usage qui n'est pas nouveau et un bénéfice qui n'est que collectif et diffus.

Deuxième difficulté, la bascule ne se produira pas aussi rapidement que n'a augmenté le taux d'équipement en téléviseurs ou en téléphones portables, puisque l'usager ne va pas bénéficier d'un nouveau service individuel et que le déploiement des infrastructures ne sera pas immédiatement monétisable par une demande galopante, bien au contraire.

L'équation financière s'énonce ainsi : d'un côté, des investissements massifs requis par ces infrastructures nouvelles, qu'il s'agisse de l'électrification des usages ou du remplacement des infrastructures de transport des produits pétroliers et gaziers par des ressources de gaz riches en hydrogène et décarbonées, de l'autre une difficulté à monétiser un bénéfice collectif décalé autrement que sous la forme du coût de la tonne de CO_2 évitée. Des coûts, et pas de recettes. Autant dire que le basculement ne se produira pas tout seul, mais nécessitera des efforts budgétaires publics considérables.

Il est difficile de disposer d'une mesure précise de la part de l'énergie dans le PIB. Un consensus est établi, dans nos modèles économiques actuels, sur une très forte corrélation entre production de richesse et hausse de nos usages énergétiques, même si les rendements et l'efficacité des procédés progressent et même si l'intensité énergétique des activités de services est considérée comme moins forte. Les mesures dépendent évidemment du prix de l'énergie et de l'intensité énergétique de notre économie. Si l'on y ajoute le coût des externalités de notre surconsommation énergétique globale, schématiquement résumée par un prix à la tonne de CO_2 émise, qui sera peu ou prou payé directement dans les pays ayant mis en œuvre une réglementation carbone, ou indirectement à travers les effets induits du dérèglement climatique, souvent considérés comme nettement supérieurs, on mesure que la part future de l'énergie dans notre PIB ne cessera de s'élever sauf si nous parvenons dans le même temps à réduire son usage, ce qui est la bascule suivante.

Prenons un prix de 200 euros par tonne de carbone, estimation proche de la valeur tutélaire du carbone[1], quoique les experts estiment parfois qu'il faudrait atteindre 1 000 euros par tonne pour approcher du coût de notre système énergétique fossile dans l'économie globale. L'impact sur le PIB mondial serait alors de 10 trillions d'euros, soit à peu près le PIB de l'Europe, à ajouter au coût de l'énergie

1. Ces estimations ont été notamment marquées par la commission dirigée par Alain Quinet, saisie du sujet en 2008, puis régulièrement remobilisée pour actualiser ces travaux. Cette commission est emblématique de la réflexion sur la valeur du carbone qui refléterait ses effets négatifs sur notre économie et nos sociétés. Cf. « La valeur de l'action pour le climat », France Stratégie, février 2019.

disséminé dans nos produits et services, pour donner une sorte de surcoût d'équilibre, de manière variable selon les secteurs. L'impact serait plutôt moins fort sur le coût de fabrication des produits finis en général, par exemple d'une voiture (1-2 %) ou une baguette de pain (1 à 2 %) que sur les produits semi-finis comme les aciers (15-20 %) ou les engrais (30 à 50 %), moins sur les bâtiments, beaucoup plus sur le coût des transports et donc sur le budget de ceux dont les déplacements sont importants et les salaires faibles… De fait, le consommateur final de cette voiture, de cette baguette de pain, de cet acier, de cet engrais ou de ce bâtiment va payer, mais dans quelle proportion ? La question se posera alors de savoir où mettre le curseur : quelles politiques publiques décider pour compenser, ou pas, ces surcoûts, pour qui, pendant combien de temps et à quel niveau ?

Autrement dit, quand demain l'énergie représentera un coût supplémentaire important, selon les secteurs, qui doit et peut payer ? Et qui va le déterminer et l'imposer ? Tout cela dessine le besoin d'une puissance de régulation du commun, tant nationale que planétaire.

Il apparaît nécessaire enfin que les autorités publiques prennent conscience que ce seul sujet devrait constituer l'ossature générale de tout projet politique d'envergure.

Cette question devient centrale, quand on importe comme l'Europe plus de la moitié de son énergie, essentiellement fossile, gaz et pétrole, et elle l'est encore plus à l'ère Trump, qui ouvre celle d'un nécessaire recentrage vers le chacun pour soi. Non seulement une puissance industrielle a du mal à tenir sans un accès durable aux ressources énergétiques et agricoles, mais encore notre agriculture reste très dépendante de la qualité des engrais qui la développent, même si les vertus de l'agriculture raisonnée puis biologique dessinent un avenir possible. Par conséquent, l'accumulation des contraintes va imposer à l'Europe de sécuriser au plus vite son accès à l'énergie et aux bases de fertilisants dans les pays les plus proches, amis ou neutres.

Encore dépendante de la Russie pour une partie de son pétrole et de son gaz naturel liquéfié, l'Europe est surtout fondamentalement dépendante d'une diversité de pays qui, dans un contexte de replis géostratégiques rapides, peuvent soudainement se détourner : le gaz et le pétrole sont ainsi fournis essentiellement, hormis pour la Norvège et un peu le Royaume-Uni et les Pays-Bas, par les États-Unis, les pays du Golfe et l'Algérie. La politique de transition énergétique à marche forcée permet à long terme d'une part de réduire la dépendance sous les 50 %, mais surtout d'ouvrir de manière très significative l'éventail des pays et des sources d'énergies accessibles, depuis les plaines de l'est de l'Europe (dont fait partie l'Ukraine) jusqu'aux grands pays du pourtour méditerranéen, qui trouveront ici un volet de développement énergétique et potentiellement industriel inégalé. Cette dynamique de transition, en temps de recherche de sécurité énergétique renforcée, accompagne la construction d'une Europe de l'énergie plus indépendante et plus résiliente.

Le prix en sera certes un surcoût d'accès pour une part de ses énergies, mais fondé sur des économies d'infrastructures dont une partie de la rentabilité sera pilotable et à notre main ; nous disposerons surtout d'une approche patrimoniale de nos énergies. Enfin, la capacité à maîtriser rapidement la production, l'approvisionnement et la conversion des énergies renouvelables vers les différents vecteurs d'usage (électrique, chimique, thermique), dotera l'Europe d'une autonomie stratégique de long terme, car si l'énergie renouvelable européenne n'est pas et ne sera jamais la plus compétitive (hors Espagne probablement), il sera toujours possible, si les infrastructures de distribution et d'usage sont établies, de produire notre renouvelable nous-mêmes.

Atout supplémentaire, la maîtrise d'une forme d'énergie renouvelable permet celle de la production renouvelable d'engrais à base d'ammoniaque décarboné, ce qui redonne au continent une forme d'autonomie stratégique si les enjeux de sécurité et de souveraineté sur nos industries agroalimentaires sont durables. Cela a un coût, mais dans une guerre qui ne dit pas son nom et qui se surajoute à la guerre sourde que nous menons avec le climat, la sécurité n'a pas de prix. Si, pour finir, nous sommes capable de développer la stratégie de sobriété nécessaire, elle devrait être capable d'absorber une part du surcoût de conversion.

3
La transition énergétique est d'abord une question de salut public

Éloigner une menace existentielle pour notre civilisation devrait constituer un idéal grandiose et une tâche exaltante, mais le coût de la transition énergétique, sa durée, ses bénéfices le rendent peu appétissant.

Chiffré trivialement en milliers de milliards d'euros, annoncé pour durer au moins un demi-siècle, il va d'abord protéger nos petits et arrière-petits-enfants et des populations éloignées de l'Europe, et n'empêchera même pas les effets à court terme de la hausse des températures, l'inertie des mutations en cours étant trop forte.

Qui en paiera la note ? Et, une fois les payeurs définis, comment les inciter, ou les forcer, à payer ou à s'abstenir de consommer ?

Plutôt que d'écouter l'usuelle antienne sur l'insignifiance de notre rôle, qui serine que la France représente moins de 1 % des émissions, l'Europe à peine 10 %, reconnaissons qu'il s'agit en réalité d'un problème de « riches » et d'Européens : au premier chef, c'est *notre* problème et probablement aussi notre solution.

La nécessité d'un accompagnement apparaît évidente en particulier pour que la transition soit supportable par les moins aisés, les classes les moins aisées de chaque pays et au niveau mondial les pays du Sud.

Ainsi passe-t-on d'un débat dont les données sont industrielles et économiques à de vastes débats de politique publique, portant sur la situation budgétaire, la dette d'un pays, la prise en compte du long terme. Et ainsi doit-on désormais inclure dans la réflexion les notions de responsabilité, d'équité, de justice et de liberté.

Le fardeau de l'homme occidental

Qui casse paie. *Chi rompe paga*. Le proverbe existe dans la plupart des langues. Il apparaît logique, équitable et juste aussi, que celui qui émet le plus règle la facture de la transition énergétique.

Alors, qui sont ceux qui émettent ? Les chiffres révèlent des écarts considérables[1] : 1 % des plus riches génèrent 16 % des émissions de gaz à effet de serre, soit l'équivalent de l'empreinte carbone des 5,1 milliards de personnes les plus pauvres de l'humanité. Exprimé crûment, 1 % de la planète émet autant que les deux tiers. Si l'on y ajoute que 9 % des plus riches génèrent 31 % des émissions, on mesure que les 10 % les plus riches représentent près de 50 % des émissions, soit un ratio par tête de 30 tonnes par an, contre 1,6 pour les 50 % les plus pauvres. Or la cible

1. Oxfam, « Égalité climatique : une planète pour les 99 % », (« Climate Equality : A planet for the 99 % »), Oxfam Policy & Practice, 20 novembre 2023.

mondiale est d'atteindre environ 2 tonnes d'émission par an et par tête[1]...

Regardons les chiffres d'énergie finale consommée. 32 % de la demande sont capturés par 12 % de la population mondiale (Europe, États-Unis, Canada, Japon, Corée). Compte tenu du mix énergétique de ces pays, leur consommation oscille entre 20 et 280 GJ par habitant et par an !

1. Nous faisons ici l'économie du débat sur la dette carbone, qui renforce encore l'argument, puisque les pays développés ont épuisé plus de 60 % de l'ensemble des émissions historiques depuis le début de l'ère industrielle, ce qui renforce un peu plus la notion de dette « morale ».

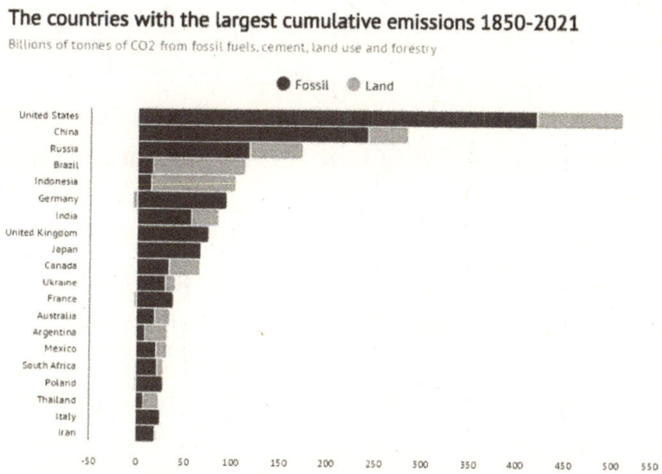

The 20 largest contributors to cumulative CO_2 emissions 1850-2021, billions of tonnes, broken down into subtotals from fossilfuels and cement (grey) as well as land use and forestry (green). Source : Carbon Brief analysis of figures from the Global CarbonProject, CDIAC, Our World in Data, Carbon Monitor, Houghtonand Nassikas (2017) and Hansis et al (2015). Chart by CarbonBrief using Highcharts.

Si la moyenne de consommation est de 80 GJ par habitant et par an, les variations sont considérables selon les pays : 280 aux États-Unis, 27 en Afrique, 150 en France, 100 en Chine. Or ces chiffres ne tiennent pas compte de l'énergie contenue dans les importations, ils sont donc gonflés pour la Chine et sous-estimés pour la France, l'Europe et les États-Unis, dont ainsi l'empreinte carbone est significativement supérieure[1].

Demain, l'Afrique pourrait doubler sa consommation par tête pour atteindre un niveau de développement plus proche de ceux des pays occidentaux développés, soit un chiffre d'environ 54 GJ par habitant, ce qui n'est pas très éloigné de la moyenne totale, qui permettrait au moins une stabilisation des consommations énergétiques. Comme l'Afrique devrait doubler sa population, cela ferait passer l'Afrique, en termes d'émissions associées à sa consommation d'énergie, de 1 à 4 GT de CO_2 équivalent. Cela reste assez raisonnable !

L'enjeu se situe en fait dans le type d'énergie consommée, et c'est là que la discussion devient délicate, mais c'est aussi là qu'il est possible d'atténuer la contrainte. Les pays d'Afrique peuvent accroître leur consommation et leurs émissions en conservant un mix fossile plus important que nous, pour aller plus vite avec une énergie moins chère, tandis que nous devons à la fois diminuer notre consommation et radicalement transformer nos émissions.

1. Les émissions de la France par habitant atteignent 6 tonnes de CO_2 par an, mais l'empreinte carbone par tête est plutôt autour de 9,2 tonnes ! Pour les États-Unis, les chiffres sont respectivement de 13 (2020) et 20 tonnes par habitant.

L'Europe émet 7 tonnes par habitant et par an, les États-Unis environ 15, surtout du fait de leur très forte consommation, car le mix énergétique américain n'est pas le pire. L'Afrique est à moins d'une tonne par habitant et par an, elle dispose de fait d'un potentiel d'accroissement qui reflète en partie son besoin de développement et sa démographie encore très dynamique (la population du continent africain devrait doubler de taille dans les vingt ans). La Chine a désormais atteint 7,7 tonnes par habitant et par an, aussi du fait de son rôle d'usine du monde. Au total, les émissions mondiales étaient en 2023 de 4,6-4,8 tonnes par habitant et par an (5,6 pour l'Europe) : il faut les diviser au moins par deux.

Que conclure de ces chiffres ? Qu'ils impliquent des baisses considérables pour les Américains, les Européens et les plus riches, des baisses qui ne sont réalistes que si une très grande partie du mix devient renouvelable, une autre partie de la baisse étant réalisée par un gain d'efficacité, ce qui permet de moduler les enjeux de sobriété de vie.

Mais si tout le renouvelable sert à décarboner les modes de vie des plus riches, le progrès aura été minime puisqu'il faut bien que les consommations de ceux-ci diminuent, en plus d'être propres ! Ou si les 10 % les plus riches[1], responsables de la moitié des émissions, continuent de payer le surcoût et d'émettre, non seulement nous n'aurons pas réglé le problème, mais en plus les inégalités de la vie auront été accrues d'inégalités d'accès à l'énergie chère !

1. Les 10 % les plus riches gagnent au moins 3 000 € par mois, soit 30 % des Français, probablement 30 à 40 % des Européens, un peu plus de 50 % des Américains.

C'est un fait, aujourd'hui tout le monde ne profite pas de manière égale de la manne énergétique. Ceux qui émettent le plus, les Européens, les Américains et les plus riches du monde, les pays dont les secteurs émettent le plus et ceux qui possèdent la dette carbone la plus lourde, car les 10 % les plus riches vivent à 90 % dans les pays développés de l'OCDE, sont toujours les mêmes.

Ainsi, tant pour des raisons historiques qu'économiques, l'enjeu de la réduction pèse sur les Européens, les Américains et les habitants des quelques heureux pays rentiers de l'or noir.

La difficulté réside dans le fait que la médiane des salaires dans les pays européens est à peine au niveau qui définit le seuil des 10 % les plus riches mondiaux (la médiane européenne est au-dessous de 2000 euros par mois contre 3400 euros pour le décile le plus riche de la population mondiale, quand en France la médiane est à peine au-dessus de 2000 euros) et que c'est donc aussi dans nos pays développés que la répartition entre riches et moins riches est la plus homogène. Cela rend les politiques publiques renchérissant les coûts et les contraintes sur l'énergie et les usages très difficiles à gérer pour les populations les moins favorisées, qui sont nombreuses, et tout à fait surmontables pour les plus favorisées.

Cibler seulement les riches n'apparaît ainsi pas simple et induirait par ailleurs des problèmes constitutionnels dans de nombreux pays, comme on l'a vu logiquement lors de la tentative démagogique du président Hollande de surtaxer les hauts salaires. Le sujet signifie que toute politique visant à freiner et infléchir les consommations et empreintes carbone des plus riches devra travailler sur des mécanismes d'atténuation pour les populations les moins favorisées.

Il est donc fort probable que le mix énergétique de demain éloigne un peu plus les pays plus riches des pays les plus pauvres, ceux-ci disposant à plusieurs titres d'une sorte de « droit de tirer » sur les ressources fossiles disponibles. Les premiers devraient devenir neutres en carbone (ce qui dégradera provisoirement leur compétitivité), les seconds atteindraient de manière décalée la neutralité.

Tout d'abord en raison de leur effort pour rattraper des niveaux de vie occidentaux. Ensuite parce que pour nombre d'entre eux, l'accès direct aux ressources fossiles rend le coût de ce rattrapage plus abordable que la bascule immédiate sur un écosystème entièrement renouvelable[1]. Enfin, par le fait que, même si ces pays, l'Afrique, l'Inde, l'Indonésie et les États d'Amérique du Sud, continuent de vivre et de consommer dans un système d'énergie fossile, leurs émissions par tête sont encore globalement en deçà du plafond fixé comme cible pour rester sous les deux degrés d'augmentation de la température globale.

L'erreur fréquente dans les débats consiste à négliger l'importance que prennent dans ces attitudes et ces stratégies notre compétitivité économique, technologique, notre

---

1. Cela n'est pas assuré, car nul ne sait comment peuvent évoluer les prix des énergies fossiles dans les trente ans qui viennent : le phénomène de rareté tend au renchérissement, mais le phénomène de rejet pourrait au contraire nuire à la valeur, le tout sur un fond de logique de commodité dont les règles de prix ne sont pas foncièrement dépendantes des mécanismes profonds de l'offre et de la demande. Cf. Nicolas Bouleau, *Le mensonge de la finance. Les mathématiques, le signal-prix et la planète*, Ivry-sur-Seine, l'Atelier, 2018.

indépendance énergétique nécessaire, considérée comme moyen de conserver une place, un rang, un poids dans le concert des nations – qui est en pleine révision, puisque dans vingt ans l'Europe et les États-Unis ne pèseront qu'à peine 10 % de la population mondiale !

Car si d'un côté, par cette répartition implicite, qui devra devenir explicite, nous paierons plus cher notre transition et achèterons en quelque sorte notre droit à continuer de vivre bien (sans pour autant vivre « trop »), d'un autre côté nous changerons plus rapidement de système économique.

Finie, l'économie de flux et de commodités dépendante des marchés et des aléas de l'offre et de la demande. Place à l'économie énergétique patrimoniale, dont le cœur de la valeur résidera dans les actifs et les technologies développées pour capturer dans les zones les plus compétitives les énergies renouvelables les plus prometteuses, et ainsi développer les solutions pertinentes qui permettront de faire basculer les pays encore dépendants des énergies fossiles vers des usages bas carbone demain, dans les transports, le logement et l'industrie.

Mais si les États-Unis et le Canada sont capables d'être autosuffisants en énergies propres ou décarbonées, du fait de l'immensité de leur territoire et de la multiplicité des sources d'énergies propres ou décarbonées dont ils disposent, c'est loin d'être le cas de l'Europe, du Japon ou de la Corée qui, quoi que l'on attende du secteur nucléaire, devront aller chercher dans les pays du Sud les nouvelles « rentes » du soleil et du vent, sous les formes les plus versatiles possibles, ammoniaque, hydrogène ou autre.

Nous voilà donc conduits non seulement à décarboner plus vite, à renchérir le coût de nos énergies provisoirement, et à devoir nous adresser à des pays plus amicaux, vers lesquels opérer un « *friendshoring* », lesquels disposeront encore par surcroît de l'accès aux énergies fossiles pour leurs propres besoins, et trouveront là des moyens de délocaliser un peu plus nos industries si nous ne redéfinissons pas les règles.

Dans la répartition future d'un mix énergétique durable – en simplifiant, un tiers de baisse, efficacité et sobriété, un tiers de renouvelable et un tiers de fossile pour assurer le reste –, on pourrait schématiser en considérant que reviendront à l'Occident essentiellement la baisse et le renouvelable (y inclus le nucléaire), c'est-à-dire une énergie en moindre quantité, non totalement pilotable et pas toujours moins chère. Compliqué !

La feuille de route de la France, dont celle de l'Europe ne diffère guère, intègre avec une grande rigueur tous les paramètres, puisqu'elle imagine, sans pour autant tuer son potentiel productif et industriel, de diviser presque par deux sa demande d'énergie nette (de 1 600 TWh à 900 TWh) et de faire en sorte que ce qui reste soit décarboné, pour moitié par des sources décarbonées sous forme d'électricité et pour moitié par des carburants et d'autres sources d'énergie renouvelable ou de synthèse. Pour essayer de simplifier et de manière grossière, la part de réduction est un effet de sobriété (probablement autour de 30 %) et d'efficacité (20 %), pendant les vingt-cinq ans à venir[1]. Cela montre bien que les ambitions sont là, quantifiées, et les défis identifiés.

Comment y parvenir ?

---

1. « Stratégie française pour l'énergie et le climat », *ecologie.gouv.fr*, 22 novembre 2023.

Financer la transition : est-ce vraiment une dette ?

Qu'il s'agisse de devoir mobiliser des montants d'investissements colossaux et à un rythme bien plus rapide, de devoir supporter que l'énergie soit plus chère et d'un accès plus compliqué, qu'il s'agisse enfin, pour nous Européens, de devoir retrouver notre souveraineté énergétique par la diversification des sources et des formes d'énergie, à l'évidence aucun de ces objectifs n'est possible sans l'aide des États : seules de nouvelles règles du jeu fixées par des puissances publiques coordonnées et seul un soutien étatique massif – comme cela fut le cas depuis le début des politiques d'accompagnement du renouvelable, du nucléaire ou encore de la voiture électrique – rendront le décollage possible.

Or les pays qui porteront la plus grande part de l'effort énergétique et devront aller le plus vite pour assurer la bascule, les plus émetteurs et les plus riches, sont aussi les plus endettés du fait de leur tassement démographique, de leur faible croissance et de la montée des externalités sociales d'une économie de la relation et du temps long, à l'opposé des économies de flux et de production des pays en développement. Ils sont également ceux où des risques importants pèsent déjà sur la cohésion sociale ; accentuer la déconnexion entre classes supérieures et classes populaires, en endossant la sobriété énergétique et la sobriété carbone, pourrait encore accroître ces tensions si l'« effort de guerre » se réalisait aux dépens des programmes de soutien aux plus faibles. L'effet « Gilets jaunes » est dans toutes les mémoires : il resurgira si la politique d'accompagnement de notre mutation ne traite pas équitablement la charge de l'effort.

Il est évident que le taux d'endettement de ces pays ne pourra que croître : croit-on vraiment que nous réussirons à enclencher une véritable économie de guerre, qui constituerait à la fois le cadre et la justification de dépenses publiques massives, si nous continuons à faire croire aux citoyens que nous ne pouvons pas nous permettre d'alourdir notre dette publique ? Autrement dit, est-il raisonable de continuer cette analogie simpliste selon laquelle le budget d'un État doté de sa capacité de battre monnaie en dernier ressort, ce qui est le cas de la Corée du Sud, du Japon, des États-Unis et encore de l'Union européenne, doit être équilibré comme celui d'un ménage ?

Il ne s'agit certes pas d'aller jusqu'au bout des raisonnements des tenants de la théorie moderne de la monnaie, qui sont fondamentalement applicables aux États capables effectivement de disposer de leur stratégie d'émission de manière unilatérale, compte tenu de leur puissance dans l'écosystème mondial ou de leur capacité à internaliser en partie l'épargne contrepartie de la dette émise par le Trésor ou créée par la banque centrale.

Pour autant, reconnaissons que la question se pose de la capacité de notre système mondial à générer une disponibilité monétaire suffisamment large et rapide pour permettre la mobilisation des moyens financiers nécessaires, sans que cela ne crée d'inflation ou d'effets d'aubaine non productifs. Cela dépend de la capacité des acteurs à monétiser effectivement cette masse de liquidités, c'est-à-dire de la possibilité d'alignement d'une offre d'infrastructures et d'une demande de déploiement qui suive le rythme de mise en circulation de la monnaie. Si l'offre n'est pas prête, son prix monte et l'inflation naît; si la demande n'est pas là, un effet déflationniste suit parce que l'infrastructure aval ne suit pas.

Nous venons de vivre ce déséquilibre dans les rythmes de déploiement des infrastructures et des technologies dans le champ de l'hydrogène, avec une abondance de projets sans offre et une explosion des prix des projets, puis, maintenant que les lignes sont installées, les prix redescendent et les projets vont peut-être atterrir, mais entre-temps ce renchérissement a renforcé le coût des aides au MW de capacité, ce qui provoque la tentation de les réduire, quand le marché va de nouveau équilibrer les choses. Le renouvelable a connu le même scénario dans les premières vagues de soutien à son développement, permettant d'abord aux producteurs européens de profiter de la manne des tarifs, mais surtout de se laisser vite dépasser par les acteurs chinois, qui ont ainsi écrasé le marché parce qu'il était probablement trop généreux au début.

Mais, de l'autre côté, quand les uns disent que nous avons ainsi déployé de la dette pour financer l'industrie chinoise, aurions-nous pu atteindre la baisse du coût (une division par plus de dix dans le solaire) sans les Chinois, permettant ainsi une généralisation phénoménale de son déploiement? La même question se pose concernant la voiture électrique, dont l'essor en Chine menace nos industriels européens, mais la rend accessible aux consommateurs européens. En Chine, l'État a multiplié les aides, directes et indirectes, pour booster ce marché, depuis les exonérations fiscales, les prêts avantageux, l'accès simplifié aux matières premières, jusqu'aux aides aux acheteurs de voitures électriques[1]. Ce n'est pas sur le seul domaine économique que BYD a réussi à passer devant Tesla en 2023 et que la Chine est devenue le premier exportateur mondial de voitures devant le Japon.

Nous raisonnons à courte vue en restreignant nos importations, ce qui ralentit le déploiement des véhicules électriques à des coûts abordables pour nos concitoyens, et n'aide pas forcément nos industriels locaux, car les structures de coûts sont intrinsèquement supérieures et ils seront durablement frappés quand ces mécanismes s'arrêteront. Ainsi, Carlos Tavares[2] a probablement raison de questionner cette

1. Cf. une étude de l'Institut économique de Kiel, avril 2024 : « Beijing heavily subsidizes its domestic industries, particularly in sectors such as green technologies like electric mobility or wind power. Estimates suggest that China's overall subsidies range between three to nine times that of other OECD countries such as the USA or Germany ». Extrait de « China's Massive Subsidies for Green Technologies », *ifw-kiel.de*, 10 avril 2024.

2. Cf. *Le Figaro*, 16 mai 2024 : « Ériger des barrières douanières de 100 % pour les voitures électriques chinoises est "un gros piège", a affirmé jeudi le patron du géant automobile Stellantis, Carlos Tavares, au surlendemain de l'annonce d'une telle mesure par les États-Unis. "Lorsque vous mettez une bulle autour d'un marché, qui peut être le marché américain ou le marché européen, la première chose que vous créez, c'est une énorme inflation à l'intérieur de la bulle", a estimé sur France 2 Carlos Tavares, qui dirige un groupe réunissant notamment des marques françaises (Peugeot, Citroën), italiennes (Fiat, Alfa Romeo…) mais aussi américaines (Chrysler, Dodge). "Et si vous créez une énorme inflation à l'intérieur de la bulle, vous portez atteinte au pouvoir d'achat des classes moyennes […] et vous accentuez le retard

approche : il faut trouver un compromis avec la Chine, prendre leurs voitures, mais imposer une relocalisation partielle des lignes et utiliser ce qui reste de taxes à l'importation pour accompagner la baisse des coûts en Europe, afin qu'une partie du bénéfice en emplois soit conservée.

La création monétaire doit fondamentalement permettre de faire circuler la monnaie et d'accélérer les mutations économiques dont la transition énergétique a besoin. Cette création monétaire ne fonctionne que si elle est investie dans des projets qui soient tangibles et contribuent à changer de modèle économique. À défaut de s'inscrire dans un plan économique massif de déploiement, similaire au plan Marshall dans sa forme mais bien plus ample, elle pourrait générer une inflation non contrôlée ou des bulles spéculatives sur les actifs mobiliers.

Nous vivons dans un continent qui connaît à nouveau la guerre, et nos économies ont dû s'ajuster à ce nouveau paradigme, qui fait des dépenses pour la défense de nouvelles priorités. Nous sommes par ailleurs dans un schéma de guerre contre nous-mêmes, guerre pour sortir d'un modèle mortifère.

Dans une économie de guerre la question de la dette ne se pose plus, parce que les ressources qui sont créées sont immédiatement employées non pas à faire monter les prix ou les salaires, mais à créer les actifs dont le pays a besoin pour alimenter son effort de guerre. L'impact inflationniste est faible et les taux d'intérêt restent ainsi modérés. C'est une question de circulation, d'emploi et de coordination

---

technologique des constructeurs qui sont à l'intérieur de la bulle par rapport à ceux qui sont en train de conquérir le monde." »

de l'offre et de la demande de déploiements. C'est extrêmement difficile, c'est l'un des verrous à lever, notamment dans les missions des banques centrales, pour avancer de manière décisive sur le chemin de la transition.

Comment ces mesures peuvent-elles être mises en œuvre ? Les solutions existent, nous les connaissons… mais il y a un obstacle : la complexité de notre organisation européenne.

Pour que l'Europe devienne l'Europe, elle doit accepter sa dette

En matière de dette, l'Europe campe sur des positions archi-rigoureuses qui se révèlent contre-productives dans notre stratégie climatique. Et pourtant, c'est elle qui, dans son ambition réglementaire et sa vision de long terme, se montre la plus avancée du monde à fixer le cap d'une bascule vers un modèle énergétique durable. L'agenda Fit for 55 (première mandature von der Leyen), puis le plan RePowerEu (printemps 2022) développé à la suite de la guerre russe en Ukraine, sont des modèles de volontarisme institutionnel, structurants, couvrant l'ensemble de la chaîne, mobilisant tous les instruments législatifs et budgétaires possibles. Mais, à l'exécution, la machine se grippe, enrayée par la bureaucratie, la complexité des mécaniques décisionnelles communautaires, le refus d'acter cette dynamique dans la politique monétaire… Le politique sous la coupe de l'économie, quitte à sombrer riches.

Ce n'est pourtant pas sans raison que la question de la dette est assez peu considérée par les grands émetteurs, qui accumulent très naturellement une dette chaque année croissante sans que cela ne les alarme outre mesure. Aux États-Unis, les récurrents drames de la dernière heure du Congrès, soulignant l'insoutenabilité de la dette américaine sur le long terme, son augmentation supérieure à celle de l'économie, ne changent pas sa progression irrémédiable, qui d'ailleurs n'affecte pas véritablement la croissance et la dynamique américaines. Ainsi, la dette privée américaine a plus que triplé en dix ans, passant de 11 trillions de dollars à plus de 36 trillions quand la dette consolidée de l'UE, si décriée, a pour sa part moins que doublé, progressant de 7 à 13,7 trillions d'euros (81 % du PIB de 2023). Ceci explique probablement en partie le différentiel de croissance constaté entre les deux blocs – il faudrait y ajouter l'efficacité à utiliser l'effet keynésien de la dette publique, qui est probablement plus puissant aux États-Unis, moins longs à déployer les programmes publics qu'une Europe paralysée par ses discussions longues et compliquées, même si une partie de l'effet de la dette s'est dissipée dans les actifs financiers et dans le gonflement du poids de ce secteur et de celui du digital dans le PIB américain ces dernières années.

Les ferments de la « crise » inflationniste de 2022-2024 ne résultaient probablement pas d'une création monétaire intensive, mais plus vraisemblablement d'une reprise mal coordonnée post-covid, qui a créé des chocs de demande de biens de première nécessité dans une économie très alerte, faute de stocks, et qui a donc dû se remettre en marche par à-coups. La guerre en Ukraine a soudainement accentué le problème dans le secteur des énergies fossiles, surtout le gaz, et par effet de ricochet dans l'ensemble des systèmes énergétiques de substitution disponibles pour le

Vieux Continent. Ce problème de rapport à la dette est une obsession très européenne : ayant abandonné la prérogative monétaire à la Banque centrale européenne, ayant perdu de plus en plus la maîtrise de notre liberté budgétaire et ne disposant que de très faibles marges de manœuvre fiscales, nous n'avons pas les moyens de nos ambitions.

Las, comme l'Europe en tant qu'entité ne s'est pas non plus donné les moyens de déployer une vraie politique énergétique pilotée, avec le budget afférent et la Banque centrale en soutien, puisque seul le contrôle de l'inflation serait son objectif, nous vivons sous une double contrainte économique et politique qui, sur ce plan, apparaît contre-productive.

On peut se demander quel sens il y a à accepter comme seule règle le marché pour coordonner les politiques budgétaires et les aides d'État en Europe, quand le sujet climatique est d'abord le reflet, précisément, d'un échec du marché. On peut également juger peu pertinent de fixer comme unique objectif à la Banque centrale l'inflation, quand le sujet essentiel devient la capacité à flécher la croissance monétaire vers la création d'actifs tangibles en Europe, pour qu'effectivement la croissance revienne et ne soit pas inflationniste.

Ainsi, le débat sur la dette resurgit, non pas pour affirmer que la France serait vertueuse, mais pour rappeler qu'aucune sortie de notre dilemme climatique n'est possible si l'on n'accepte pas de créer de la liberté budgétaire pour accompagner le basculement des pays européens d'un modèle à un autre. Soit on laisse les États agir, ce qui nécessite de relâcher les contraintes du traité européen sur les aides d'État et les règles de déficit et de dette publique, pour la partie de l'effort qui porte sur le climat (ou plus généralement sur les budgets dits de souveraineté, qui engloberaient défense, énergie et infrastructures), soit on accepte que l'Europe prenne la main sur une partie de la politique énergétique du continent, forte dans ce cas des budgets nécessaires et de l'accompagnement de la Banque centrale. Mais aujourd'hui nous ne pouvons actionner aucun de ces leviers, et l'Europe s'enferre dans une impasse : aucun pays ne peut avancer seul, mais chacun peut bloquer l'autre.

Que le paysage économique s'englue dans un univers de taux hauts est doublement perturbant pour la guerre à mener. L'impact économique sur le PIB en est doublement renchéri, par le coût de la dette d'une part, par le coût de l'énergie d'autre part, puisque près de la totalité de la valeur de l'énergie renouvelable est une valeur assise sur le coût du capital des actifs investis. Toute hausse des taux se traduit immédiatement par une hausse sensiblement similaire des prix de l'énergie. L'inflation a trouvé ici son effet rebond par les taux tant redouté.

Isabel Schnabel, membre du directoire de la Banque centrale européenne, en a récemment pris conscience[1], en soulignant le risque systémique que génère une montée trop forte des taux d'intérêt sur le déploiement de notre modèle énergétique alternatif, qui nécessite des économies d'infrastructures considérables et est donc fortement dépendant des taux de financement. Une économie où le coût de l'argent est quasiment nul permet de financer massivement et rapidement les infrastructures de substitution dont nous

1. Discours prononcé au colloque international sur l'indépendance des banques centrales à Stockholm, 10 janvier 2023.

avons besoin, mais le basculement vers une économie à taux d'intérêt non nul remonte globalement le coût des MWh produits par les énergies renouvelables[1]. Les chiffres varient selon les hypothèses de primes de risque attendues par les investisseurs, qui sont elles-mêmes renchéries du fait que les investissements se déplacent de plus en plus vers les pays aux plus forts potentiels, qui sont aussi des pays plus risqués en matière de stabilité politique, économique et monétaire. Ainsi, une hausse de 0 à 3 % des taux d'intérêt à long terme renchérirait de près de 45 % le coût actualisé[2] de l'éolien offshore, selon les chiffres évoqués par Isabel Schnabel. On pourrait discuter des chiffres, car ils dépendent fortement des hypothèses de modélisation, mais les faits sont là. Nous vivons les conséquences de cette situation au quotidien sur les projets dérivés du renouvelable, dans l'hydrogène et ses produits dérivés. Les difficultés parfois attribuées ainsi à l'économie de l'hydrogène sont d'abord profondément le produit de cette situation de taux hauts qui renchérit les coûts des électrons qui façonnent le prix variable de la molécule, en sus de l'effet de l'inflation et du déséquilibre de l'offre et de la demande d'équipement sur les coûts d'investissement des projets eux-mêmes. La tendance actuelle à renchérir le coût de la dette, si elle n'est pas contrebalancée par des mécanismes de fléchage et de *derisking* des dettes

1. La même problématique se pose évidemment pour l'énergie nucléaire, toujours plus intensive en capital, dont le coût de revient complet actuel dépasse désormais selon les scénarios le coût complet d'un système renouvelable + stockage. La hausse des taux d'intérêt contribue aussi à ce résultat.
2. Il s'agit du LCOE, levelized cost of energy.

allouées aux investissements d'infrastructures liées au climat, est mortifère pour notre mutation énergétique.

Ce mouvement a pourtant commencé avec l'intense effort réglementaire mené par l'Europe pour d'une part identifier les assets et les activités vertueux sous l'angle climatique, et pour d'autre part mettre en place des trajectoires de décarbonation des principaux procédés industriels et des agents économiques des transports[1]. Il se poursuit avec une politique de soutien public massif, aux États-Unis (jusqu'à l'arrivée de l'administration Trump), en Europe et dans les États membres, au Japon, en Corée et en Chine, et globalement dans l'essentiel des pays avancés de l'OCDE, pour pousser l'investissement vers les actifs durables et par voie de conséquence pour renchérir progressivement le coût des investissements dans les actifs non vertueux.

Cette dynamique est aussi source de risque, car les acteurs ne sont pas capables de mettre en place rapidement l'offre d'assets attendue par les régulateurs et le marché, notamment dans les industries naissantes telles que les principaux

1. Les efforts de l'Union européenne pour classer les actifs dans une taxonomie doivent ensuite servir à développer des règles de fléchage des investissements privés et publics, qui devraient normalement permettre de renchérir le coût d'accès au capital des actifs les « moins vertueux » et de baisser celui des actifs ciblés par la politique européenne. Une première étape a consisté dans les réglementations de classification de classes d'actifs dans lesquelles les fonds d'investissement investissent. La suite dépend fortement de la volonté politique d'un côté et d'un travail de réalignement de la politique monétaire de la Banque centrale avec un agenda politique clair sur le sujet.

composants de la chaîne de valeur de l'hydrogène. Ce décalage entre l'offre et la rapide montée en puissance de la demande génère des effets d'aubaine de la dépense publique, qui sert inutilement à remonter les marges des acteurs au lieu de permettre de déployer plus de volume, notamment sur les actifs de production d'hydrogène par électrolyse. Ceci débouche exactement sur le risque que peut générer une politique de dette forte ou de hausse de la masse monétaire disponible, quand l'usage souhaité de cette monnaie ne croît pas à la vitesse à laquelle la monnaie est émise.

L'autre risque, très visible, est que la dette vienne alimenter les actifs financiers et que la valeur de ceux-ci soit décorrélée de la capacité de l'économie réelle à suivre, ce qui s'est passé ces dernières années sur les marchés financiers, avec les effets des politiques de *quantitative easing* des banques centrales, dont l'effet s'est trouvé renforcé dans la période post-covid.

Malgré ces écueils, il est improbable que nous soyons capables de tenir un agenda climatique qui se rapproche de nos ambitions, si les banques centrales ne disposent pas dorénavant du mandat d'accélérer la mise à disposition de liquidités pour les États et les banques au service des climanomics. Les « climanomics » doivent obtenir les moyens d'accompagner et de cofinancer, ou de protéger les acteurs privés qui vont devoir investir.

Une première étape, très simple, consisterait à aller au bout de la dynamique initiée de référencement et de classification des actifs investis, classés en actifs « propres » et actifs « fossiles », en mettant en œuvre des politiques de refinancement à taux d'intérêt différenciés selon la pertinence des actifs sous-jacents au regard de la transition. La classification est prête, même les institutions financières doivent désormais déclarer dans quels types d'actifs elles investissent. Mais cette avancée est empêchée de produire tout effet utile, puisqu'il n'existe aucune politique de taux bonifiés pour les actifs bas carbone, ni aucune obligation de flécher les investissements vers ces actifs par la réglementation, qui est pourtant surabondante en matière d'institutions financières. Le résultat le plus flagrant est une baisse du nombre de fonds classés article 9, alors qu'il faudrait voir leur nombre (à tout le moins leurs encours) augmenter[1]. Si une grande partie du problème est l'absence de cibles d'investissement suffisamment décarbonées dans leurs activités, parce que les critères sont extrêmement drastiques, l'autre enjeu est l'absence de politique monétaire et fiscale suffisamment incitative pour accélérer la bascule. Après avoir fait le premier pas, qu'attend-on pour faire le second ? L'immobilisme sur ce sujet est potentiellement dramatique. La hausse des prix de l'énergie issue de la hausse des taux débouche sur un effet rebond inflationniste, qui appelle en retour une nouvelle hausse des taux ! Il est urgent que les États et la Banque centrale européenne se saisissent de ce sujet. Le président Emmanuel Macron appelait lui-même cette approche dans ses vœux de fin d'année 2023, puis l'a réitérée pendant la campagne des élections européennes (discours Sorbonne II le 24 avril 2024). Il est impératif de développer une politique de taux

1. La décollecte a atteint 6,2 milliards au 2e trimestre 2024. Les fonds d'investissement doivent classer les actifs dans lesquels ils opèrent en fonction de leur impact notamment sur le climat, la biodiversité et le développement durable en général. La classification va de 6 à 9. Le plus exigeant en termes d'engagement sur les questions environnementales est l'article 9.

d'intérêt différenciée (ou une politique de normes prudentielles différenciées qui force le fléchage des investissements des opérateurs financiers). C'est la première étape, mais elle n'a toujours pas été franchie.

L'autre étape nécessite de revoir le rôle de la Banque centrale sur la question de la croissance durable et de la protection de la zone euro contre les risques systémiques issus du réchauffement, et d'en tirer les conséquences. Cela doit enfin passer par le développement d'une dette dédiée au financement de notre système énergétique bas carbone, soit dans les critères de comptabilisation des ratios, soit dans la redéfinition des prérogatives européennes sur la mise en œuvre au plus vite des nouvelles infrastructures européennes, dédiées à la structuration d'un système énergétique bas carbone efficace dans notre continent[1].

Cette capacité à définir un agenda et à s'y tenir pose la question du rapport au temps. Qui détient aujourd'hui la clé du long terme pour s'assurer que les décisions prises ne varieront pas dans les vingt prochaines années ? Le pouvoir politique n'en est sans doute pas capable, les administrations et les agences internationales le sont, mais ne possèdent pas de réel mandat, enfin le marché peut l'être, mais il reste piloté (et donc limité) par la performance à court terme.

Tels apparaissent les éléments d'une stratégie énergétique gagnante, dont l'urgence est renforcée par l'isolement énergétique et possiblement géopolitique de l'Europe dans une ère Trump isolationniste.

---

1. Quelques éléments d'analyse récents sur l'évolution de la finance verte dans l'article publié sur *Sans Doute* « La finance peut-elle sauver le climat ? »

La seule voie pour l'Europe puissance : une stratégie énergétique

> « Dans la vie, il n'y a pas de vent favorable pour celui qui ne sait pas où il va. »
>
> SÉNÈQUE

En quoi consisterait cette stratégie ?

Premièrement, davantage de dette, mais productive et si nécessaire centralisée au niveau européen, adossée à la capacité d'émission de la Banque centrale européenne, et systématiquement fléchée, dans sa dynamique et son objet, vers la mise en œuvre d'actifs tangibles de la décarbonation, les réseaux, les infrastructures de production pour les réseaux et les grandes infrastructures d'usage, pour les transports, les usages résidentiels et les grands bassins industriels. Et, le cas échéant, un principe de subsidiarité pour les États membres et une sortie de la dette de transition et de la dette de souveraineté des critères de Maastricht.

Deuxièmement, davantage de régulation mais simple, directive et rapide : l'inverse exact de la situation actuelle, qui devient grotesque à regarder les temps de débats, d'écriture, de déchiffrage puis de transposition ou non (car malheureusement la non-transposition des directives européennes est souvent dans les faits peu pénalisante) des réglementations sur le déploiement des fuels renouvelables ou la décarbonation des procédés industriels. Sur le sujet spécifique de l'hydrogène, au lieu de développer une réglementation sur les usages, dont la sophistication a aujourd'hui pour principal effet de nourrir plus les cabinets d'avocats, d'audit et de conseil que n'importe qui d'autre, il aurait suffi d'une réglementation très simple sur les actifs existants imposant une décarbonation, un remplacement ou une fermeture dans les dix ans de tous les actifs fossiles producteurs d'hydrogène existants, assortie d'un budget d'accompagnement pluriannuel, au niveau européen, pour les 20 % les plus rapides. Dans ce contexte et avec l'accélération des agendas de souveraineté résultant de la politique américaine et de la crise ukrainienne, le projet de développer des marchés pilotes, les *green leads*, bénéficiant de mécanismes de soutien et d'approbation accélérés, pour des secteurs stratégiques (acier, chimie, engrais, automobile), est une initiative vertueuse, si elle est déployée à temps. Autrement dit, si elle est sortie avant la sortie de ce livre, nous aurons progressé, sinon ce sera une nouvelle occasion manquée pour l'Europe !

L'argument habituellement opposé de la fuite des sites de production est inopérant, car là encore l'Europe a les moyens de financer les reconversions, maintenant et non pas demain, car c'est aujourd'hui que les grands sites pétrochimiques, de la sidérurgie européenne et de notre souveraineté alimentaire doivent soit se transformer soit fermer, et si cela a lieu maintenant cela ancre ces sites chez nous pour une autre paire de décennies.

Ce qui est en jeu ici, c'est une volonté politique plus forte. Il est amusant de comparer notre cas aux États-Unis, qui sur ce plan n'ont pas fait mieux et montrent la même faiblesse d'écouter toutes les parties prenantes, péché mignon de la démocratie qui n'est plus le lieu d'exercice de la volonté générale, mais celui de l'expression des intérêts particuliers les plus puissants. Avec pour résultat des réglementations qui mettent des années à sortir, dont la complexité résulte de la capacité de chaque lobby installé (dont celui que je défends) à pousser ses intérêts particuliers, et ensuite le chœur de l'ensemble des parties prenantes qui hurlent à l'unisson à la complexité des réglementations, dont elles sont les principales responsables et bénéficiaires ! Une déviance démocratique, osons le dire quand on voit la rapidité à laquelle d'autres avancent et quand on constate l'urgence du combat climatique. Imagine-t-on une bataille de lobbies pour choisir les armes, les modes d'engagement et les meilleures munitions à utiliser en pleine guerre réelle ? Alors ?

Si l'Europe veut avoir une chance d'être l'Europe, elle doit sortir de cette boucle mortifère et totalement inutile, sauf à faire le travail pour les régimes autoritaires qui reprennent ensuite le résultat, l'imposent et avancent cinq fois plus vite que nous. La transition demande d'aller vite, et pour aller vite, il faut une ligne droite ou la plus simple possible. Nos méthodes sont absolument incompatibles avec l'urgence de l'agenda énergétique.

Troisièmement, davantage d'autorité dans la direction et la trajectoire souhaitées, ce qui est la déclinaison évidente du point précédent. Le système européen ne fonctionne plus ; si nous voulons la puissance, nous devons aller vers l'intégration, en particulier sur les sujets de souveraineté, dont l'énergie est l'un des plus urgents. Pour y parvenir, les missions du Conseil européen, du Parlement et de la Commission doivent être revisitées en profondeur, afin que la mise en œuvre de la transition soit l'un des piliers de l'action de l'Europe, en sus de la concurrence et du libre marché dont la défense obtuse nous a par ailleurs valu de perdre quelques champions européens. Il est très difficile de comprendre pourquoi le Conseil européen continue d'être aussi présent sur un sujet qui devrait être sous l'autorité exécutive de la Commission et sous le contrôle législatif du Parlement européen. Le rôle du Conseil pourrait être limité aux situations d'urgence et de point d'étape en début de mandat des collèges issus des élections européennes, avec une plus grande part de décision soumise aux processus de majorité qualifiée dès qu'il s'agit de construire le système énergétique de demain, en faveur de la souveraineté et de la soutenabilité européenne.

Quatrième et dernier point, une gouvernance internationale renforcée, ce qui restera probablement la partie la plus délicate. Sur ce point, on voit mal comment avancer dans le processus des COP sans des accords contraignants partie intégrante des accords commerciaux interrégionaux, à construire en priorité entre les grandes régions les plus émettrices, à savoir les États-Unis, la Chine et l'Europe pour commencer. Cela va renforcer la primeur *ab initio* des accords plurilatéraux sur l'approche multilatérale espérée, mais il faut à un moment être cohérent, le temps n'est plus aux palabres. Il y a quatre ou cinq puissances qui émettent le plus, si elles se mettent d'accord, il est probable que les autres suivront et entreront dans le jeu (Chine, États-Unis, Inde, Europe, Russie, Brésil, à eux six représentent plus de 60 % des émissions).

Dans un deuxième temps, la révision de tous les accords internationaux de libre-échange doit permettre de réinstaurer la validité des clauses juridiques excluant d'accords tous développements, investissements, démarches ayant pour conséquence une dégradation avérée du climat et de la biodiversité, avec prééminence de ces clauses sur toute autre dans les conflits et arbitrages sur leur mise en œuvre.

Enfin, une émission monétaire internationale consacrée à financer les surcoûts de sortie des énergies fossiles des pays les plus dépendants du charbon, notamment pour leurs industries locales, devrait être facilitée si elle est fléchée sur des actifs, selon une dynamique de déploiement qui suive la construction de l'offre et ne crée pas de processus inflationniste, nous y reviendrons plus longuement. Une agence dédiée pourrait être dépositaire des prêts ou dettes de long terme accordés aux pays pour financer leurs investissements de reconversion. Le rôle des fonds d'investissement, sous gouvernance privée mais sous contrôle public par exemple. Le rôle des fonds souverains pourrait être utilement complété en sus de leurs stratégies de placement très classiques, pour appliquer aussi une stratégie d'investissement épousant des mandats publics de bien commun pour leur pays ou la planète, cela renforcerait la dynamique en faveur de ces investissements. Les fonds mis à disposition pourraient en partie provenir par ailleurs des mécanismes et marchés d'ajustement carbone, comme celui dont dispose l'Europe avec l'ETS puis à terme le MACF[1].

Mais, somme toute, à quoi bon ?

Beaucoup sont tentés de dire, au moins de faire, comme si tout cela n'était pas utile. Leur propos n'est pas de contester le réchauffement, même si certains le font, mais, plus grave encore, de jouer la version agnostique : peut-être qu'il ne sera jamais vraiment possible de savoir si c'est du fait des hommes, mais de toute manière on n'y peut plus rien, le réchauffement avance ! Et, de fait, nous avons probablement

1. Une grande partie et plus encore de ces sujets sont connus et sur la table, notamment encore depuis les rapports Draghi et Letta, mais le fait même de les nommer semble permettre de les oublier…

déjà franchi la ligne des 1,5 degré et on voit mal comment, au rythme actuel, nous disposons de la moindre chance de faire bouger les émissions pour nous mettre sous les 2 degrés. Alors à quoi bon, jouissons sans entrave et sans limites, tant pis pour les suivants puisque perdu pour perdu, certains territoires seront moins touchés que d'autres… Jouissons sans entrave et sans limites puisque, pour les plus riches, nous disposons des moyens de faire construire où nous le souhaitons les abris et habitats les mieux protégés contre les chaos engendrés par les dérèglements, les catastrophes, les guerres et autres conséquences mortifères d'une montée en régime incontrôlée du dérèglement en cours… C'est évidemment une approche possible, assez bien résumée par le « *Drill, baby, drill* » des cercles les plus conservateurs. Elle présente l'intérêt de prétendre mieux servir l'intérêt des plus faibles, en n'allant pas casser des bassins d'emplois miniers ou pétroliers, en maintenant la facture énergétique du périurbain dans des limites raisonnables (même si l'ère du pétrole n'a pas empêché les phénomènes de crise énergétique violents), en ne forçant pas chacun à revisiter différemment sa manière de vivre et de prospérer, et en permettant ainsi à la roue implacable de la production/consommation du monde de se poursuivre jusqu'à extinction.

De fait, malgré toutes les analyses, les ressources ne sont pas épuisées, il est même toujours possible de trouver de nouveaux gisements de minéraux, toujours plus profondément et plus loin dans les terres, toujours moins efficaces d'extraction, mais en partie comblés par la productivité des machines et des technologies pour les extraire et les acheminer. Ainsi, il existe un modèle qui assume et laisse le système se développer sans chercher à le contenir ou infléchir les courbes.

D'ailleurs, certains s'en sortiront, des continents, certaines régions et, dans tous les cas, les populations et individus les plus aisés, les plus mobiles, les plus indépendants des territoires dans lesquels ils vivent – les nomades par plaisir. Ainsi, dans le célèbre *Us vs Them*[1] qui montre la montée des colères populistes des habitants des diagonales vides des grands continents les plus riches, laissés-pour-compte de la mondialisation, paupérisés par la concurrence de pays à bas coûts, délaissés dans les territoires industriels privés d'activité par les renversements des technologies et des structures de coût, toute cette population qui la première proteste contre les politiques climatiques se fait leurrer par le « ne rien changer », qui de fait viendra un peu plus fracasser les équilibres de vie, les coûts et la capacité à résister aux aléas climatiques, la capacité à accueillir sans y perdre les flux croissants de populations fuyant les continents les plus touchés pour aller offrir une capacité de travail à coût cassé face aux indigènes, quand les plus riches auront tôt fait de placer en sécurité leurs avoirs et leurs enfants dans les bons lieux.

Ainsi, le refus de lutter maintenant est une position extrêmement facile à défendre, mais éminemment dangereuse pour les plus faibles. Simplement, elle fonctionne, parce que les politiques qui consistent à avancer et changer de modèle énergétique sans en même temps protéger les plus faibles des surcoûts ponctuels de ces mutations ne peuvent que faillir !

Autrement dit, lancer une grande stratégie de déploiement de voitures électriques sans accompagner les usagers

1. Ian Bremmer, « Us vs Them : The Failure of Globalism », *New York Times bestseller*, 2018.

les moins favorisés en abondant les achats, ou en couvrant provisoirement les surcoûts d'usage, débouche inévitablement sur une réticence à basculer. Mais dans l'autre sens, subventionner la hausse des prix des énergies fossiles quand la géopolitique fait déraper les prix est le meilleur moyen de n'inciter personne à changer[1].

Et pourtant, la bataille n'est pas terminée, et il est toujours possible de limiter le réchauffement à des limites raisonnables en continuant et accélérant les mutations. Ensuite, puisque nous parlons de là où nous sommes, vieux continent responsable mais aussi doté des potentiels et gisements de savoirs et de technologies nous permettant de développer les bonnes méthodes et solutions efficaces d'énergie propre, nous construisons de fait aujourd'hui le socle des compétitivités industrielles de demain, qu'il faudra déployer sur le sol de ceux qui continuent de se développer à l'aune des industries fossiles et donc sources de valeur économique de long terme.

Sans compter la valeur patrimoniale de très long terme des actifs renouvelables. Il est donc possible bien sûr de

---

1. Sur ce sujet, on notera le travail de l'ONG T&E repris par Léo Larrivière (*Quand la publicité s'oppose à la transition écologique*, l'Aube, 2025) qui démontre que 80 % du marché de voiture neuve est porté par les entreprises et les ménages les plus aisés ; 80 % des ménages n'achètent que des véhicules d'occasions. Comme ceux-ci sont de plus en plus coûteux du fait de la SUVification des stratégies commerciales, on reste sur un parc peu efficace car rien n'est fait pour accompagner la bascule des ménages les moins aisés tout en renforçant les contraintes aux véhicules propres sur ceux qui sont les plus aisés.

défendre, sans le dire, la politique de l'autruche en matière climatique et de vanter le statu quo comme argument pour garder les populations les plus faibles de son côté et, telles les grenouilles, les laisser malgré elles découvrir trop tard qu'il est trop tard et que ne rien faire a eu pour seul effet d'aggraver leurs fragilités et les adversités. Il reste qu'une politique ambitieuse et socialement correctement déployée sera en fait plus efficace à combattre les fins de mois, sans laisser tomber la fin du monde.

Pendant ce temps, la Chine avance…

L'approche alternative est chinoise. Aujourd'hui ce pays est devenu non pas l'usine du monde, mais son industrie, ce qui signifie non seulement la production, mais aussi la conception, le design, les principaux sujets de R&D et la maîtrise de toute la chaîne de valeur amont, des matériaux critiques aux composants les plus avancés. Dans la transition énergétique, la Chine est actuellement, que cela plaise ou non, avec les soutiens publics ou non, le pays le plus avancé. Plus de 60 % des véhicules électriques vendus dans le monde sont chinois, mais, plus important, 40 % des ventes de véhicules dans son marché intérieur sont aujourd'hui électriques ! Le marché chinois représentant à lui tout seul près d'un tiers des ventes mondiales, c'est considérable. Dans le renouvelable, la Chine a pris le contrôle de l'offre non seulement des panneaux solaires, mais aussi des éoliennes, avec respectivement 50 % et 60 % des volumes, mais la Chine a aussi installé en moyenne 50 à 60 % des capacités renouvelables sur son sol ces dernières années. Nous ne parlerons pas du nucléaire pour ne pas froisser la *suprématie française*, mais quand nous mettons quinze ans à sortir un réacteur pour un prix six fois supérieur au budget initial (et que l'on prétend, avec beaucoup d'assurance, que l'on va en déployer une demi-douzaine en moins de dix ans, en pariant sur des effets de série qu'on a du mal à cerner sur quatorze unités, et un renforcement du réseau électrique de transport à déployer de 100 milliards en dix ans quand on a du mal aujourd'hui à trouver les ressources pour déployer 2 milliards de renforcement de réseaux par an), la Chine construit chaque année un ou deux réacteurs pour des prix estimés 3 à 4 fois moins élevés. Certes, il y a toujours des raisons, dont certaines, nos règles de sécurité, pourraient probablement expliquer une partie des écarts, mais la politique de l'autruche n'est jamais payante.

La Chine a pris le contrôle de la dynamique de développement de presque tous les secteurs industriels[1]. Dans le secteur de l'hydrogène, les faits sont très illustratifs. En cinq ans, elle a déployé plus de bus, de camions, de stations, de lignes d'électrolyseurs que le reste du monde en vingt ans, et elle produit aujourd'hui plus de 50 % de l'hydrogène décarboné au monde. Dans chaque domaine elle se déploie avec une rapidité, une simplicité et une compétitivité qui sont simplement irrésistibles (au prix probablement de nombreuses fragilités internes à court terme qui peuvent faire flancher l'économie du pays) ; c'est le fait en partie du caractère autoritaire du régime – de fait, on passe moins de temps à se battre sur la virgule de la parenthèse des textes réglementaires.

1. On mentionnera ici aussi à quel point la Chine est au centre des technologies et matériaux critiques pour la transition, comme résumé notamment dans une note conjointe INEC et Capgemini « SNBC sous contrainte de ressources », 2022.

Mais n'allons pas croire qu'il n'y aurait que cela. Quand nous mettons toute notre énergie à décortiquer des articles de loi et des codicilles de règlement pour protéger nos intérêts particuliers, les entrepreneurs chinois focalisent leurs efforts pour prendre les marchés, installer, déployer, faillir et recommencer. Quand nous passons un temps fou à décrocher des subventions permettant de conserver quelques marges ou de les ramener à des niveaux à peu près acceptables sur ces métiers moins mûrs et plus risqués, les Chinois utilisent les fonds publics pour déployer vite et conquérir des parts de marché. Le monde politique et le monde économique (publiquement en tout cas, car en privé chacun confesse qu'il est facile de se cacher derrière cet argument pour ne pas voir l'avance considérable prise par l'industrie chinoise en général) se plaignent des subventions publiques de la Chine, mais aujourd'hui celles-ci lui permettent d'inonder le marché de composants abordables et de rendre la transition énergétique effectivement plus abordable ! Les faits sont têtus. « Les faits ne cessent pas d'exister parce qu'on les ignore » (Aldous Huxley), c'est pire, ils résistent et se renforcent !

Il reste à l'Europe à proprement monétiser son marché, son espace de vie parmi les plus paisibles au monde (encore aujourd'hui) et quelques restes d'excellence technologique et industrielle qui sont très fragilisés. C'est possible, mais il faut l'assumer et développer des logiques partenariales inversées avec les Chinois, qui permettent qu'une partie de la valeur d'accès à notre marché soit retournée en taxes ou en dividendes sur le territoire européen, soit pour alimenter le développement de nos secteurs forts, soit pour protéger et reconvertir nos industries à risque. L'enjeu de long terme pour l'Europe reste de trouver le modèle économique d'une richesse qui ne soit plus strictement dépendante de la productivité du travail et du capital (et donc en grande partie dépendante de nos ressources énergétiques), mais de plus en plus de notre capacité à « monétiser » l'acquis du passé (infrastructures juridiques, sociales et physiques) et la valeur d'une économie de services d'une société moins matérielle. Cette ambition peut sembler utopique s'il n'était qu'elle contient les principes même du découplage entre la richesse et l'usure de notre monde (énergie et ressources), dont notre avenir dépend. Il est bien malheureux qu'aujourd'hui, à notre connaissance, les théoriciens défenseurs de la décroissance ou les grands théoriciens de « l'atterrissage » n'aient pas encore trouvé le bon relais dans la pensée économique pour que ce sujet progresse vers des modèles pertinents et mobilisants. Il ne suffira pas uniquement de redéfinir ce que richesse veut dire en changeant les indicateurs, comme l'appelait déjà de ses vœux Bob Kennedy dans son célèbre discours à l'Université du Kansas, le 18 mars 1968, en campagne pour la présidentielle avant de sombrer comme son frère, le 6 juin 1968, assassiné. Ce devrait être le grand chantier pour les économies de demain. Timothée Parrique[1] considère que la science économique s'empare vraiment du sujet des modèles de « décroissance » depuis le début des années 2010, pour donner une cohérence aux intuitions des précurseurs du sujet (dès les années 1970) et résoudre le dilemme ressource, richesse et croissance identifié par le rapport Meadows il y a déjà plus de 50 ans. Il est plus que temps !

1. Timothée Parrique, *Ralentir ou périr*, Paris, Seuil, 2022.

4
Peut-on faire confiance au marché ?

Il va falloir en quelques décennies avaliser et déployer à grande échelle des solutions énergétiques nouvelles, et ces choix généreront des impacts irréversibles sur le fonctionnement de nos économies, sur nos dépendances matérielles et sur nos souverainetés.

Faut-il laisser le marché décider sur ces sujets essentiels – pour le dire de manière plus précise, peut-on lui faire confiance ? Ou bien faut-il enfin sortir de la neutralité technologique, afin que les États prennent des décisions éclairées au nom de l'intérêt général et sur la base d'avis d'experts qui ne soient pas dépendants des seuls groupements d'intérêts privés, mais payés, dirigés et soutenus par la puissance publique ?

Réfléchir à cette alternative, c'est poser la question des interactions entre la politique économique et les politiques publiques : à partir du moment où nous avons établi *supra* la nécessité d'une régulation, d'un accompagnement et d'un soutien financier du secteur public, quelle part de liberté reste dévolue aux acteurs économiques ? Jusqu'où faut-il diriger le marché sans basculer dans un monde totalitaire, au nom de l'urgence climatique ?

Les climanomics appellent ainsi une révision de notre rapport à la liberté d'*Homo economicus.*

Le marché : implacable mécanique de l'efficience…

Nous sommes pris dans une situation économique typique de *market failure (défaillance de marché)*, pour reprendre les termes des économistes libéraux anglo-saxons. Le système économique libéral tel qu'il fonctionne est une des causes des dérèglements énergétiques et climatiques actuels, du fait de ses principes mêmes : logique productive, consumérisme, individualisme, refus de suivre des dynamiques collectives et suivi sans faille de la règle des préférences individuelles, sans filtre. Ce n'est pas un effet conscient, mais la conséquence logique d'un système autonome sans autre direction que la création de valeur monétaire.

Le marché est également incapable, sauf à changer ses règles, de choisir la vertu de la sobriété, car le coût de celle-ci est supérieur : en aucun cas le marché ne décide de réduire ses rendements ou ses options s'il doit en résulter une baisse de compétitivité, et surtout s'il est toujours possible de produire et d'offrir de l'énergie fossile efficace et compétitive à ses points d'utilisation.

Si l'on regarde le sujet global de l'urgence climatique, les conséquences dramatiques du réchauffement, cela va au-delà d'une simple « défaillance de marché » : le *market failure* contribue, malgré lui, au risque d'une « *civilization failure* », d'une *défaillance de civilisation.*

Le marché est donc déficient, dangereusement déficient, quand il s'agit de développer une approche collective au nom d'abord du bien commun et d'une destination collectivement choisie, quel qu'en soit le coût.

Cependant, il reste aussi le système le plus efficace pour déployer massivement et mondialement des technologies et des industries complètes, en jouant sur l'appétit d'entreprendre et de création de richesses. Il a ainsi été à l'origine des précédentes révolutions énergétiques et digitales : le déploiement éclair de la machine à vapeur, adoptée pour la production (usines) et pour le transport (train à vapeur, bateau...), puis du moteur à explosion, premiers moteurs de la révolution industrielle, en sont des exemples emblématiques.

Sortir de l'économie de marché, acceptons-en l'hypothèse, mais pour aller où ? Comment s'en passer quand elle seule sera capable de faire avancer la transition à la vitesse requise ?

Sous-jacente à cette interrogation, on retrouve la réflexion sur le lien existant ou non entre libéralisme économique et libéralisme politique. Nous, Européens et Américains, connaissons les deux. La Chine n'a qu'une forme assez contrôlée du premier. L'idéal pour la planète serait peut-être de n'avoir que le second, en plaçant provisoirement, pour les questions énergétiques, le premier sous « pilotage », non pas de sa mécanique, mais de son horizon.

Il est en effet possible que nous devions entrer dans une période paradoxale de l'histoire où l'économie serait mise en partie sous tutelle, ou à tout le moins canalisée dans ses priorités et ses leviers, afin de pouvoir enfin accélérer le déploiement des grands plans de mutation de nos systèmes économiques. Il faut alors faire le pari qu'il est toujours possible de conserver notre liberté d'agir et de penser, alors que le pilotage de nos activités et de nos urgences n'est plus de notre principal ressort. Le dirigisme économique et la liberté de penser sont-ils compatibles ? Nous avons partiellement vécu sous ce modèle pendant la période de reconstruction et des Trente Glorieuses, avec l'exigence de planification issue de la nécessité de rebâtir un pays, et un continent dévasté par la guerre. Ne comprenons-nous pas que la dévastation climatique qui arrive et sourdement blesse nos territoires et nos écosystèmes et crée son propre lot de morts et de déracinés devrait imposer les mêmes exigences ?

Dans cette phase, la puissance publique – ou la société civile dotant la puissance publique de cette capacité – redéfinira ce que doivent être nos besoins énergétiques critiques, irréductibles, dissociés de ceux jugés somptuaires, qu'il faut surtaxer ou limiter, décidera fermement où diriger les soutiens et où imposer les bascules de procédés et de technologies. Cette dynamique, ne nous méprenons pas, est déjà en cours dans les plus grandes économies du monde, plus fortement sans doute en Europe, par cette voie réglementaire si souvent décriée par les tenants d'une économie libre et sans contrainte. Sans elle, jamais l'industrie automobile n'aurait déployé autant de moyens pour développer les solutions de voiture électrique, tant elles sont au départ onéreuses et fragiles à répondre aux usages individuels usuels. Elle a aussi, incidemment, par le truchement de fortes politiques réglementaires et d'incitations en Californie, permis à Elon Musk de devenir ce qu'il est, à savoir l'un des plus grands pourfendeurs des règles et des aides publiques, même si sans elles il n'aurait jamais pu déployer Space X (merci la Nasa) ni Tesla[1] !

Il n'est pas de rupture de société qui ne se soit faite sans la puissance de l'intervention publique, qu'il s'agisse du déploiement de l'éducation pour tous, ou encore du travail des femmes, ou bien encore de l'essor de l'économie du tourisme en parallèle des congés payés.

Les grandes aventures industrielles d'Airbus, du TGV, de l'industrie nucléaire, sont toutes le produit de décisions publiques de très long terme, maintenues pendant plusieurs générations de dirigeants et déployées avec la force d'acteurs privés soutenus par la volonté politique.

Chaque réglementation ou revirement de nos modèles et choix de sociétés crée de nouvelles formes de développement économique, vertueuses ou non, mais qui répondent aux exigences qui sont issues de ces choix collectifs.

Le choix collectif premier de passer en système énergétique durable, j'insiste, tant il est essentiel pour notre avenir commun, va réorienter nos investissements, nos développements technologiques, nos modes de vie et de consommation de manière radicale car, comme nous l'avons déjà évoqué, il touche au cœur de ce qui fait le développement de notre modèle de société.

1. La société Tesla a notamment abondamment bénéficié à ses débuts du mécanisme californien des ZEV qui permettait aux sociétés ne disposant pas de véhicules zéro émission d'acheter les quotas requis à celles qui en avaient, à des valeurs très importantes. Sans parler des soutiens publics de la NASA aux programmes de Space X.

Il est ainsi fort probable que la puissance publique doive renforcer son ingérence économico-fiscale dans nos déplacements, nos consommations et nos choix thermiques, puisqu'*in fine* l'énergie nous replonge dans le cœur de ce que nous sommes, notre liberté, ce qui nous a portés hors de notre état de nature, ce qui nous a permis aussi de prendre le contrôle sur la nature : nous chauffer, nous déplacer et transformer la matière.

C'est ainsi le cœur même du rêve anthropologique qui doit être revisité. Rien de moins.

Est-ce que cela signifie que le monde orwellien de la surveillance et du contrôle qui se déploie déjà sous l'angle sanitaire, qui se poursuit sous l'angle digital – même si officiellement il n'est pas lié à la puissance publique, est-ce plus rassurant ? –, va conquérir une ultime dimension en contrôlant de fait notre usage énergétique ? C'est un risque, car c'est l'une des solutions. Peut-on l'éviter, au nom de la liberté et de la démocratie ? En ayant à l'esprit que le produit de la liberté économique débridée dans notre modèle énergétique débouche aujourd'hui de fait sur des contraintes croissantes de nos écosystèmes, chacun doit se demander en conscience jusqu'où la contrainte économique peut altérer durablement la liberté humaine, au nom de quoi et pendant combien de temps.

Serons-nous capables de continuer à vivre libres, si nous ne pouvons plus produire ou consommer, nous déplacer ou nous chauffer librement, puisque c'est sous ces trois angles, dans ces trois activités, que nous sommes des êtres énergivores, mais aussi capables d'exprimer des formes « tangibles » de cette liberté ?

Cela pose une immense question à nos sociétés démocratiques. Elles se retrouvent bien dépourvues face aux totalitarismes qui nous entourent et savent bien mieux gérer la contrainte que nous. Elles devront inventer de nouveaux modes de fonctionnement pour assurer que le pluralisme des débats et la diversité d'opinion prospèrent sous cette contrainte, qui, mine de rien, pourrait fortement redéfinir nos modes d'aller et de venir, de vivre…

Si la fin du monde justifie tous les raccourcis pour accélérer la transition, alors pour aller vite, nous allons de fait devoir changer le monde, mais pas forcément comme le rêvent les partisans du grand soir.

Et la question du pas de trop est ici évidemment centrale, puisque la ligne de crête de la liberté économique comme ferment de nos libertés politiques n'est pas loin.

Doit-on sacrifier la liberté, mais aussi la morale à l'efficacité ?

Efficacité à quel prix ?

Cette question porte un dilemme. Formulée ainsi, elle est tout autant inacceptable que l'eût été une transparence totale sur la manière dont les grands États esclavagistes finirent par sortir de l'esclavage il y a plusieurs siècles. Non pas uniquement du fait de l'éveil des consciences grâce aux engagements de quelques esprits supérieurs, mais aussi à coups de subventions accordées aux propriétaires d'esclaves, pour lesquels le fait de devoir se séparer ou rémunérer cette force de travail jusqu'alors gratuite signifiait évidemment un manque à gagner considérable. Même si le mouvement se développa au moment où les premiers bénéfices des machines à vapeur, dans l'industrie textile notamment, commençaient à laisser entrevoir l'intérêt en termes d'efficacité qu'il y aurait à remplacer la force de travail humaine par la machine, perspective qui favorisa les mutations, effectivement plusieurs points de PIB en France et au Royaume-Uni furent nécessaires pour accompagner cette mutation. Haïti paye encore les conséquences de la dette phénoménale contractée par les esclaves haïtiens pour acheter leur indépendance au XVIIIe siècle[1].

Ainsi, l'opinion publique de l'époque, celle, progressiste, qui avançait dans le débat les mots de morale et de bonne conscience permit certainement de faire évoluer la conscience politique. Mais il fallut payer les esclavagistes pour que les résultats adviennent.

Notre situation énergétique, qui nous a conduits collectivement à mettre sous tutelle et désormais au risque de sa survie une très grande partie du monde vivant, nécessite à certains égards des mesures d'urgence au moins identiques. Il n'est point ici question de pousser les comparaisons, car les sous-jacents moraux dans un cas et la prise de conscience des enjeux de notre modèle fossile dans l'autre, sont fort différents et l'impact sociétal de notre dépendance fossile est absolu. L'issue présente l'analogie de modèles qui sont si solidement imbriqués dans la richesse collective qu'il faut trouver des solutions systémiques pour les résoudre rapidement sans déséquilibrer l'ensemble du paradigme.

La réflexion n'est donc pas saugrenue. Les enjeux économiques et monétaires ne semblent pas non plus rédhibitoires,

1. On peut lire sur ce sujet l'ouvrage très documenté et instructif de Jean-François Mouhot, *Des esclaves énergétiques*, Ceyzérieu, Champ Vallon, 2022 [2011].

car une fois de plus tout ce qui permet à l'activité de produire de la valeur n'est pas source de perte de richesse.

On a déjà payé les propriétaires de forêts pour ne plus déforester ou pour replanter, puisque les gaz qui résultent du déboisement et de la dégradation des forêts représentent au niveau mondial environ 7 % des émissions de CO_2[1]. Ainsi, la Norvège a décidé en 2009 de verser 250 millions de dollars pour que le Guyana limite à 0,056 % de 2010 à 2015 le taux de déforestation annuel ; ce taux cible était supérieur à la déforestation observée pendant les dix années précédentes, mais le programme norvégien a permis de réduire de 35 % la perte d'arbres par rapport à ce qui aurait eu lieu sinon, d'où une diminution des émissions de CO_2. D'autres programmes similaires existent depuis 2000, soutenus par l'ONU et la FAO, sans poser de problèmes moraux particuliers : les programmes REDD+[2] visent à la réduction des émissions provenant du déboisement et de la dégradation des forêts, associés à la gestion durable des forêts, la conservation et l'amélioration des stocks de carbone forestier. Une partie des raisonnements qui se trouvent derrière ces programmes, notamment dès qu'il s'agit de monétiser des actions dites de « conservation », sont toujours mâtinés de risques d'effet d'aubaine qui viendront gonfler artificiellement des crédits carbone qui auraient existé malgré tout et donc développent des métriques parfois contestables. Les

1. « Land use, land-use change and forestry », *climateactiontracker.org*.

2. « Réduction des émissions provenant du déboisement et de la dégradation des forêts REDD+ », *fao.org*. URL : <https://www.fao.org/redd/fr/>.

activités de reforestation ou d'afforestation possèdent évidemment des impacts nets a priori plus tangibles.

Ces principes sont au fondement du marché des crédits carbone volontaires, qui pose d'immenses questions de référence, de mode de calcul et de traçage de ce qui est effectivement réalisé, des questions aussi sur la pertinence d'une telle approche, puisque dans les faits elle « monétise » le vivant de plus en plus, continue de réifier la nature pour en faire un objet carbone valorisé en fonction de sa capacité à l'absorber ou non, monitoré pour cela, suivi et normé au mieux de son potentiel de réservoir.

Dilemme encore que cette pratique croissante, car si elle se révèle très utile pour permettre aux acteurs économiques de continuer à polluer parce qu'ils développent, financent, protègent à rebours les puits de carbone, elle fournit de fait opportunément les arguments pour poursuivre à bon compte les activités productives émettrices.

Cette course en avant pour éviter d'attaquer davantage ce qui est déjà là, pour reforester ce qui ne l'est plus, instille une part de tragique dans la relation que nous entretenons avec la nature, le vivant, notre écosystème, qui devient le seul réceptacle aseptisé d'une comptabilité carbone. Ainsi assiste-t-on à l'aboutissement mortifère d'une action protectrice dont le produit est une réification du vivant, chosifié puis sanctuarisé.

C'est donc aussi fondamentalement notre approche productive et mécaniste, « réifiante[1] » du vivant, des autres et

1. Cf. sur ce sujet le livre très complet de Philippe Lukacs, *Vers une économie de l'alliance* (Érès, 2024), sur les stratégies pour sortir de nos approches « réifiantes » de nos vies et de notre monde.

de notre rapport au monde sensible, qui nous plonge un peu plus à chaque étape du combat dans la spirale destructrice que nous voulons combattre.

Mais si l'on s'abstient de ce combat, comment éviter que la dégradation en cours ne s'aggrave, que les patrimoines encore protégés ne soient dévastés au nom des gisements en sous-sol ou du potentiel agraire ou simplement forestier d'une exploitation intensive ?

Nous sommes pris de nouveau dans cette spirale de la vitesse, de la stratégie de la pointe pour ensuite ralentir, freiner fortement sur les talons, sans savoir si nous aurons le temps de nous mettre à prendre le temps.

Dans le même sens, quand on évoque l'idée d'aider les pays qui sont les plus grands émetteurs, ceux qui possèdent les mines et les puits, à se passer de ceux-ci et surtout à ne pas en ouvrir de nouveaux, cela peut choquer s'il s'agit de l'Arabie saoudite ou du Qatar, évidemment ! Mais si cette aide concerne des pays pauvres dont les seules sources de développement et de richesse sont les devises tirées de l'exploitation d'une mine de charbon ou d'un puits de pétrole, il semble urgent de mettre de côté la morale et la bonne conscience et de réfléchir aux moyens d'aider les pollueurs à ne plus polluer. Ainsi, l'Équateur avait proposé la mise en œuvre de schémas de ce type, lorsque, identifiant le grand réservoir de pétrole dans la réserve naturelle de Yasuni au cœur de la forêt amazonienne, en 2008, il demanda aux puissances internationales ce qu'elles étaient prêtes à payer pour qu'il ne lance pas l'exploitation de ce gisement, qui permettait de largement contribuer au développement économique du pays mais au prix d'une grande atteinte à la biodiversité et au patrimoine naturel et culturel de la région concernée. Faute de contributions suffisantes, l'Équateur finit par relancer le processus d'exploitation de ces réserves en 2013…

Cela signifie regarder à la fois du côté des propriétaires et du côté des pays qui utilisent les énergies fossiles pour se développer. Car l'assèchement d'une source devient immédiatement le tarissement d'un usage. Et c'est seulement si la source est remplacée dans le temps pour l'usage qu'elle permet qu'il est concevable de procéder à un mécanisme d'accompagnement.

Le sujet est bien en cours de développement au niveau macroéconomique avec la montée en puissance des sources renouvelables de production d'énergie. Mais on voit bien que cela ne suffit pas, puisqu'elles permettent tout juste désormais d'accompagner une croissance des besoins qui ne faiblit pas, et chaque retard de déploiement d'une source renouvelable oblige à ouvrir de nouvelles sources fossiles.

C'est d'ailleurs l'argument avancé par le monde pétrolier pour poursuivre l'exploration des gisements, non seulement parce que le rythme annuel d'attrition des ressources pétrolières exploitées est d'environ 5 %[1], quand la demande croît actuellement plus vite que la capacité de production d'énergies non fossiles et qu'il convient de maintenir les niveaux de production suffisamment adaptés à l'évolution de cette demande pour éviter des syndromes « Gilets jaunes » dans toutes les géographies de la planète.

La question de l'intentionnalité ultime de ces positions explique la double méfiance qui s'est instaurée entre les acteurs. Méfiance de la puissance publique envers la

1. « Oil 2024 Analysis and forecast to 2030 », IEA.

véritable intention des dirigeants du privé derrière tous les arguments avancés pour retarder, déplacer ou incurver les ambitions climatiques – « ils cacheraient le cynisme de la performance derrière de bonnes intentions, nous ne pouvons plus leur donner le gage de la bonne conscience »...

Et, en miroir, méfiance des acteurs privés devant l'impunité des décideurs publics, climatosceptiques un jour et acharnés climatiques l'autre, obnubilés par leur avenir politique plus que par la raison entrepreneuriale, inconscients des enjeux de compétition internationale, « doux rêveurs du climat sans conscience économique ».

Les désillusions entre les acteurs privés et publics s'amoncellent depuis des décennies et ne permettent plus de juger sur déclaration, d'un côté comme de l'autre, d'autant plus que le déploiement de ces bascules nécessite des ajustements en profondeur des stratégies, des financements et des ressources qui ne s'accommodent pas de revirements permanents. Ainsi, la défiance engendre la norme qui elle-même engendre la défiance, la complexité et la lenteur, tous les apanages de l'impuissance collective !

Nous sommes engagés mondialement dans une course contre nous-mêmes. La tâche consiste à freiner la croissance de nos besoins énergétiques dans les pays les plus riches, à basculer au plus vite vers un mix décarboné et en parallèle à accompagner la progression des besoins des pays les plus pauvres en essayant de remplacer intelligemment les ressources fossiles par des ressources renouvelables.

Plus facile à écrire qu'à réaliser. Il reste à déterminer quels puits fermer d'abord, à mettre en place des organes de sélection pour déterminer les premiers pays à aider, mais aussi à définir la manière de monétiser le manque à gagner, en tâchant de s'assurer que celui-ci soit utilisé pour déployer des assets décarbonés et que ceux-ci servent à remplacer les usages.

Il reste également à élaborer la gouvernance des moyens mis à disposition pour changer les mix énergétiques, à fixer le rythme de déploiement et de suivi, les accompagnements pour les territoires et populations qui soudainement n'ont plus d'activité et doivent se reconvertir, quand il est possible que les assets de substitution soient installés dans les pays d'usage et non pas dans les pays sources.

Tels sont les multiples sujets que poserait une intervention de ce type. Mais n'est-ce pas *de facto* ce que nous sommes en train de faire en Europe, au Japon, et dans les grands pays qui ne sont pas autosuffisants en énergie, pour progressivement élaborer des mix décarbonés et plus localisés ? On peut se demander si le seul ajustement de la demande par la suppression de l'usage fossile dans les pays les plus riches suffirait à résoudre l'équation. D'un point de vue mathématique, en partie, puisque ce renoncement accepté par une partie de la planète permettrait bien de diviser par deux les émissions, mais est-il concevable si les autres pays continuent de courir à toute allure pour tenter de rattraper nos fantasmes passés et provoquent à leur tour la déperdition fabuleuse d'énergie que nous avons assumée pendant les deux derniers siècles ?

Il n'est pas évident que ce soit la bonne méthode pour que le monde dans son ensemble bascule dans une mécanique de vie et de consommation plus « lente »… Mais il est certain que, si cela du moins n'est pas réalisé, nous n'avons strictement aucune chance de faire bouger les lignes vers un modèle vertueux.

Nous devrons alors affronter le risque d'une relocalisation intensive des sources de valeur ajoutée productive. Or la perte de source de productivité et de valeur ajoutée, qui sont dans notre modèle économique les grands leviers de création de valeur, et qui sont étroitement corrélés à l'énergie consommée, donc étroitement dépendants de notre addiction énergétique, met en jeu le modèle même de création de valeur qui a fait progresser notre civilisation de l'objet.

À cet univers différent, moins matérialiste et moins productif, le monde n'apparaît pas réellement préparé, parce que nous n'avons pas encore trouvé le modèle économique qui permette de valoriser l'économie de l'échange, de la présence à l'autre, de ce que les Américains appellent le *care*, et nous *l'attention*, du service, tout ce qui constitue pourtant la base de ce qui fait société.

Peut-on diriger le capitalisme ?

Et le capitalisme, dans tout ça ?

Est-il concevable de changer de monde et de casser l'actuelle dynamique libérale et capitaliste, très violemment inégalitaire et cause mécanique – malgré elle, effet de système plus que d'intention coordonnée[1] – de l'engrenage dans lequel nous sommes, au motif justement de ces dérives ?

Le capitalisme demeure dans le même temps le seul à posséder et pouvoir mobiliser très rapidement des actifs et des capitaux, il sait mieux que tout autre système déployer

1. On lira sur le développement du libéralisme politique puis économique l'analyse de Jean Claude Michea in *L'empire du moindre mal*, Paris, Flammarion, 2010.

à grande vitesse les plus grandes innovations et capturer le désir des individus de faire, de réussir et de se dépasser.

L'artifice monétaire comme métrique de succès et de valeur permet une fluidité fabuleuse des échanges et fait ainsi évoluer les flux d'énergie et de besoins d'un métier, d'un segment et d'un territoire à l'autre. Toutes ces qualités, si elles sont dépourvues de direction, deviennent les engrenages des déroutes, mais, si elles sont guidées par des dynamiques de marché correctement définies par la volonté générale et instruites par la puissance publique, elles demeurent une machine d'exécution indépassable. Et de toute évidence nous n'avons pas vraiment le temps maintenant de redéfinir les règles de l'économie de marché, voire d'en sortir.

Allons un cran plus loin. Faut-il accepter le risque que, si les atouts du capitalisme sont utilement redéployés vers le développement à très vive allure des infrastructures permettant de vivre d'une énergie propre, ses défenseurs les plus virulents, ultralibéraux ou libertariens, se parent ensuite des vertus d'un système efficace et de surcroît « moral » ? Sera-t-on alors capable de le remettre en cause, si, en plus de son pouvoir financier et politique, il pouvait se targuer d'être l'outil du sauvetage de la planète ? Comment éviter enfin que ce redéploiement se réalise selon les mêmes règles souvent cyniques et inégalitaires, au nom de l'efficience et de l'urgence ?

Nous retrouvons ici notre débat : changer ou sauver le monde ? Même si nous basculions rapidement dans un modèle plus sobre, notre système industriel et les infrastructures existantes ne sont pas dimensionnés pour rendre propre l'énergie qui restera nécessaire : les réseaux électriques, les procédés industriels critiques, les véhicules et l'ensemble des moyens de transports routiers, maritimes, ferroviaires, individuels et collectifs, les réseaux d'habitation avec énergie positive ou au moins neutre... L'ensemble des efforts à fournir, que nous soyons à consommation égale ou réduite, reste considérable et requiert une mobilisation des actifs financiers et industriels agile, massive et globale. Qu'on le veuille ou non, la mutation énergétique nécessaire est d'abord une histoire de capitaux et d'investissements considérables.

Il semble donc très difficile de casser cette mécanique implacable de déploiement de capitaux suivant des logiques économiques assez simples et efficaces, qui peuvent de surcroît être vertueuses si le marché accepte de suivre les nouvelles règles du jeu et que les États sont assez forts pour les imposer.

Nous avons bien réussi quelques grands progrès dans les domaines de la santé ou dans l'ensemble des technologies qui nous permettent effectivement de disposer de solutions pour accumuler et restituer de l'énergie propre. Sans les forces du marché et surtout l'appétit entrepreneurial et de liberté des individus, il sera très difficile de changer de modèle rapidement et efficacement.

D'ailleurs, et c'est le paradoxe ultime, c'est peut-être le maintien d'une force de marché diversifiée et agile, face à un État dont les prérogatives devront être renforcées, qui pourra être gage du maintien de contre-pouvoirs politiques et économiques, dans une nouvelle pirouette de l'histoire.

Il reste encore à poser les formes de gouvernance qui permettront qu'un capitalisme vert de marché ne devienne pas l'ultime vecteur des classes les plus riches pour protéger leur mode de vie, en payant un confort d'usage, pour pouvoir utiliser toutes les énergies qu'elles souhaitent et pouvoir globalement vivre au-dessus des lois, aux dépens du reste de la population : c'est le grand débat qui s'ouvre pour nos politiques dans les années qui viennent.

C'est aussi dans cet interstice de la gouvernance que l'ébauche du changement de modèle économique peut être envisagée. Ce basculement est en germe dans l'interventionnisme réglementaire fort des États, dans la remise en ordre des priorités dans les traités internationaux – notamment le primat de l'environnement sur le commerce –, dans le contrôle des politiques énergétiques des agents économiques et probablement des prix et des offres auprès des populations fragilisées.

Il existe des pistes permettant d'instaurer une gouvernance des grandes entreprises qui soit mieux en prise avec la société civile. Par exemple, les conseils d'administration pourraient systématiquement accueillir, pour les structures les plus influentes (en investissements ou en emplois) d'un territoire donné, des représentants de l'État mais aussi de la société civile.

En effet, bien que l'entreprise soit et doive rester un agent privé, maître de ses choix stratégiques et économiques, il n'est pas inconcevable de la remettre dans le cœur du jeu sociétal, à condition de s'assurer qu'elle accueille dans sa gouvernance les représentants des territoires et des hommes avec lesquels elle interagit et qui permettent son développement, qui sont en quelque sorte les représentants de la part du commun qu'elle doit respecter et protéger.

Le marché, oui, mais assorti d'orientations contrôlées. Le capital, plus que jamais, mais avec des signaux de valeur et des règles de fléchage bien plus nettes que celles qui prévalent actuellement pour orienter les capitaux privés de manière urgente vers les actifs de la transformation.

Dans ce domaine, on pourrait être tenté d'affirmer que l'Europe est passée maître, tant elle a déployé avec une ampleur étonnante ses politiques réglementaires ces dernières décennies, notamment dans les dernières mandatures sur la question climatique. Mais avec quel résultat ? Ce n'est pas si net. Le continent reste globalement en retard dans ses propres objectifs climatiques. Forcer aux bascules vers l'électrification des mobilités légères débouche sur un risque systémique pour notre industrie européenne, faute de compétitivité suffisante des acteurs face au géant chinois. Les transpositions nationales ne suivent pas le rythme des réglementations, qui sont tellement complexes que même leurs auteurs se disputent sur l'exégèse permettant de les appliquer. Circonstance aggravante, leur utilité reste à prouver, car elles n'ont pas d'incidence nette sur les meilleurs élèves ni sur les retardataires, poussant les acteurs, pays ou agents privés à jouer les passagers clandestins.

Mais le vrai sujet ici est celui de la démocratie : l'Europe se meurt d'un trop-plein de démocratie dans l'écriture des règles, qui conduit à en faire des bibles réglementaires illisibles, reflétant la somme de tous les lobbies qui y sont intervenus, sectoriels, géographiques, financiers et industriels. Elle se meurt aussi d'une gouvernance à mi-chemin entre l'intégration fédérale et le libre marché, qui permet à chacun des acteurs, Parlement, Commission, États membres, de bloquer l'autre et à personne d'avancer vraiment seul. L'absence d'alignement sur une politique énergétique commune dans son budget et son cadre freine la rapidité d'exécution. L'enjeu ainsi n'est pas la réglementation pour la réglementation, mais une gouvernance en régime démocratique qui saurait faire la part du temps du débat, du temps de la décision et du temps de l'exécution. La gouvernance européenne actuelle ne le permet plus et, le pouvoir ayant horreur de la lenteur, le pouvoir économique se met en retrait et va voir ailleurs, dans les démocraties ultralibérales peu soucieuses de guider le marché ou dans les empires totalitaires pour lesquels les règles sont assez simples. Ainsi, au lieu de poser les bases d'un espace de droit agile, porté par une ambition sociétale plus ouverte et plus volontariste que la simple lutte pour vendre plus, avec un modèle économique apaisé mais puissant, fondé sur la qualité des infrastructures, la richesse des individus et la capacité à monétiser cela, nous nous perdons à vouloir jouer sur tous les tableaux sans nous en donner les moyens. Nous refusons de faire de l'espace européen un vrai espace politique et économique, de faire de notre puissance de marché le levier d'une politique diplomatique, énergétique et industrielle offensive et de notre capacité monétaire et budgétaire l'outil d'un déploiement industriel maintenant.

Le monde industriel avance très vite, la part des emplois diminue et inévitablement la part des emplois de proximité et de services va monter, tant du fait du vieillissement démographique, de l'évolution des besoins de santé et de la baisse des besoins d'emplois industriels classiques, que de l'avancée rapide de l'automation des processus de production.

Risque pour nos emplois, cela constitue surtout une opportunité, car l'avantage compétitif des pays à bas coûts diminue, à condition que nous soyons capables de notre côté de simplifier les règles d'investissement, de clarifier les zones où les conflits d'usage des sols doivent être sanctuarisés (notamment l'ensemble des zones de friches industrielles), et que nous soyons plus nets dans les secteurs et métiers que nous souhaitons protéger de la concurrence internationale. Le modèle économique et social européen traverse à certains égards en avance sur les autres ce qui les guette à mesure que leurs équilibres démographiques basculeront à leur tour et que leurs besoins d'emplois manufacturiers et productifs baisseront tendanciellement, quand ils seront conduits à une sobriété des activités productives directement consommatrices d'énergie. Nous sommes confrontés avant les autres aux enjeux, prenons de l'avance sur les solutions !

5
Ralentir ?

Puisque accélérer notre transformation, même avec en ligne de mire la nécessité de notre survie, constitue déjà un défi fabuleux, peut-on dans le même temps « ralentir » ?

Cette transformation, qui consiste également, on l'a vu, à revisiter notre rapport au vivant non humain et à ce qui fait ou ce que dit la richesse, passe par une réinterprétation, une nouvelle traduction de la transition énergétique et des contraintes qu'elle impose : plutôt qu'un arrêt de la promesse du progrès, considérons-la comme le moment d'une redéfinition de notre projet collectif, une avancée vers un monde plus sobre, moins matériel, davantage centré sur le vivant, l'échange, les rapports humains. Est-ce que l'on peut mobiliser une société et faire rêver les citoyens avec ces étoiles-là ? C'est prendre le pari qu'un avenir de contrainte, de « moins » et de « plus cher », peut être mobilisateur, fédérateur, excitant : cela ne suffit pas, évidemment !

Il sera possible d'aligner l'intérêt collectif, le capital et le rendement, en élaborant des indicateurs réglementaires contraignants qui redéfinissent la direction que doit suivre le marché, mais si la conséquence en est une diminution de la production des matières et des biens pour chacun, voire même la révision de certaines « libertés individuelles », il est bien difficile de générer de l'enthousiasme – sauf si l'on repense les systèmes de valeur... Un retour de la pensée totalitaire ? En tout cas un appel à un retour à une pensée plus ouverte que le consumérisme béat.

Tel est le véritable nœud de la réussite de la transition énergétique : parvenir à réorienter notre perception de la valeur vers l'accès aux services de prestations, vers la valeur des échanges entre les personnes, vers les relations humaines et collectives où ce sont les paroles, les actes, la culture et le partage qui font sens et créent la richesse, sans recourir à des interfaces matérielles (les objets), de mobilité (les voyages) ou virtuelles (le digital).

Cela pose cependant des questions profondes au modèle économique, qui fonctionne sur le principe des gains de productivité, qui deviennent, dans ce cas, moins forts et actuellement sont, de manière très oligopolistique, capturés par les géants du digital, principalement californiens. Cette situation ne permet pas de redistribuer une partie de la rente de l'accès aux clients/consommateurs/patients vers tous les contributeurs inconscients que nous sommes. Cette situation, semblable à la problématique de la rente pétrolière[1] des années 1910 ou des télécommunications[2] quelques décennies suivantes aux États-Unis, bloque la redistribution de la valeur capturée – qui explique aussi le niveau de profitabilité insensé des acteurs du digital. Cette situation limite la

1. Standard Oil Co. of New Jersey v. United States, 221 U.S. 1 (1911).
2. United States v. AT&T (1982).

montée en valeur des activités de services qui sont pilotées par les services digitaux, et aussi son essor.

Peut-on élaborer un projet de société qui ralentit ?

Il n'est pas impossible que nous soyons capables d'accélérer pour rendre notre énergie propre, mais quant à déterminer les leviers qui nous permettront en même temps de ralentir pour « revivre » vraiment ou simplement vivre différemment, faire croître notre « pouvoir de vivre », la copie est assez blanche.

Les climanomics dans lesquels nous entrons ne doivent pas seulement forcer le fléchage de la monnaie et des investissements vers la construction d'un modèle énergétique durable : ils doivent aussi trouver les bons mécanismes de prix et de régulation pour nous détourner des usages énergivores et enfin recréer de la valeur prix dans une économie qui ralentit sans que cela ne devienne inflationniste ou, pire, déflationniste, par l'effet décroissant des prix des services sur leur usage par les populations les plus faibles, quand elles sont le plus en besoin.

Somme toute, il s'agit simplement de remettre au bon niveau les salaires de toutes les professions de lien social qui font que nous formons une société et non pas un agrégat composite, l'enseignement, la santé, la justice, l'accompagnement des plus faibles, l'art, la culture et l'économie de la relation.

Cela aura forcément un coût, dont la charge est plus complexe à assurer si par ailleurs la génération de richesses par des gains de productivité n'est plus assurée dans les productions matérielles, mais dépend de la seule productivité des services, dont une partie de la valeur justement ne devrait plus être tirée de la seule productivité du travail.

Nous allons ainsi entrer dans une cinétique d'investissement phénoménale pour remplacer les vecteurs énergétiques de notre modèle économique, de la production à la distribution et à l'usage. Qu'il s'agisse d'électrons ou de molécules et autres fuels et gaz de synthèse à base d'hydrogène décarboné et de carbone récupéré, selon un modèle circulaire qui restera imparfait, tout est à redéfinir, les flux commerciaux, les réseaux de transport et de distribution, mais aussi les procédés industriels et résidentiels pour accueillir et transformer proprement ces sources énergétiques nouvelles.

Cette tâche est évidemment urgente, mais elle constitue aussi une source fantastique de développement économique.

Le mouvement d'accélération sur le terrain des actifs et des infrastructures doit être combiné avec un mouvement de ralentissement sous l'angle des modes de vie, d'achat et de déplacement, qui seront les seuls compatibles avec un scénario tenable écologiquement et économiquement.

Une fois de plus, la pression repose essentiellement sur les pays et les populations les plus riches, et c'est là que l'enjeu politique est considérable. Il n'est pas évident de nous contraindre nous-mêmes, alors même que toute une partie du modèle de valeur, de réussite et de projection de soi dans le monde est de fait une fonction directe de l'énergie que nous utilisons et déployons. Cette forme d'autocontrainte, d'autodiscipline, est-elle capable de faire de l'ascète de la Chartreuse ou de l'Amish, moqués par certains, de nouveaux modèles de valeur ou de réussite pour le tout-venant ? C'est évidemment caricatural !

Est-ce de cela qu'il est question? Comment peut-on contraindre les plus riches à sortir de la puissance hors sol qui peut leur apparaître comme le témoignage le plus éclatant de leur réussite et de leur richesse, alors même que les sondages sur ce qu'est une « vie réussie » plébiscitent au contraire ce qui touche à l'accomplissement familial, au cercle des amis, c'est-à-dire ce qui touche à la qualité de la relation? Ainsi, fonder une famille et être entouré de personnes aimantes sont considérés comme les lauriers de la réussite par 26 % et 23 % des Français[1]. Malgré ces chiffres, la pratique économique montre que l'avoir et le paraître restent centraux. Comment refaire société en inversant ce qui est source de valeur aux yeux de chacun et, de l'autre côté, aux yeux du collectif et de la puissance publique? Comment changer les signaux de valeur, les moteurs intrinsèques et mimétiques de notre volonté de réussir, signifiés par l'avoir plus que par l'être? Où trouver l'étincelle pour déclencher ces mutations?

C'est ici que se heurtent effectivement de plein fouet les deux injonctions nécessaires: sauver le monde, autrement dit aller vite dans la transformation du modèle énergétique, et changer le monde.

Inciter et convaincre ou imposer et contraindre…

Comment parvenir à un ralentissement? Les débats politiques ont commencé, sur les vols intérieurs, sur les vols

1. Un Français sur deux jugeait en 2019 que le succès se mesure davantage à la qualité de ses relations avec son entourage qu'à la carrière ou au salaire. Cf. « Pour les Français, mieux vaut réussir sa vie de famille que sa carrière », *Le Figaro*, 6 novembre 2019.

d'affaires, sur le recyclable et l'économie circulaire, les vêtements de seconde main, l'alimentation végétarienne, etc. Mais cela ne va pas assez vite, car nous sommes immensément loin du compte de ce qu'il faut faire pour assurer notre salut. Faut-il alors aller un cran plus loin, empêcher la consommation de certains biens ou services – dépenses énergétiques superficielles ou luxueuses, voitures extrêmement polluantes et gloutonnes en carburant, avions d'affaires, yachts... –, décourager des comportements de consommation erratiques, chauffage ou climatisation abusifs, errances digitales[1], etc. ? Arrêter de produire de l'acier, diviser par deux le parc automobile, décider de ne plus voyager, de ne plus circuler, etc. ? Renforcer les codes de la valeur, de l'exemplarité, restaurer une forme de vertu dans le choix d'un mode de vie sobre ? Vaste programme. Peut-on imposer aux gens, comme le suggère Jean-Marc Jancovici, de respecter un quota de voyages par an ou par vie, contrôler ce que les gens achètent pour limiter leurs abus[2] ? Qui peut, qui va le décider pour l'humanité entière ? Comment sortir de cette logique de métrique permanente et toujours plus complexe à édifier, suivre, contrôler, génératrice de sa propre société de défiance quand elle devrait être le gage d'une certaine transparence des agissements énergétiques de chacun. Où s'arrête Big Brother, peut-on encore l'arrêter ?

1. Voir sur ce sujet un article dédié de l'auteur dans le journal en ligne *Sans Doute* : « IA, temps et énergie : la grande divergence », 8 avril 2025.
2. Interview notamment de Jean-Marc Jancovici sur France Inter le 30 mai 2023.

Certains, les collapsologues, estiment que nous serons forcés de ralentir, par des ruptures logistiques fortes, que nous avons déjà vécues ces dernières années, sur le plan sanitaire par une diffusion croissante des épidémies du fait d'un climat plus chaud et d'un rapprochement des hommes et de la nature lié à l'étalement de l'urbanisation vers les campagnes, mais encore par l'épuisement déjà programmé de grandes ressources essentielles sur la voie d'un modèle alternatif.

S'y ajoutera le fait que les prix de l'énergie ne pourront qu'augmenter et que les politiques publiques deviendront plus contraignantes sur certains principes qui devront gouverner nos usages des mobilités les plus polluantes. Tous ces éléments, politiques, sociétaux ou purement physiques, devront contribuer à faire de l'énergie une denrée rare au sens strict, à savoir non achetable quel que soit le prix... alors même qu'à notre époque l'argent pourrait tout acheter.

À l'évidence, les mesures de compensation du surcoût énergétique doivent être limitées afin que le signal prix produise effectivement un impact sur la demande, notamment concernant les transports non critiques, les produits qui ne sont pas de première nécessité et l'ensemble des biens et services de l'économie qui ne sont pas indispensables à une vie décente.

Mais il est certain que l'élasticité prix de l'énergie ne suffira pas; pire, le surcoût risque d'aggraver les inégalités. D'un côté, les travailleurs les plus fragiles, qui sont souvent plus dépendants de besoins en énergie essentielle, dépendent de leurs véhicules pour se déplacer sur les lieux de travail ou d'approvisionnement, ne pourront pas se payer le surcoût immédiat de l'électrique ou même simplement passer à l'électrique. Et d'un autre côté, les plus aisés, ceux qui peuvent le plus facilement s'accommoder de surcoût d'une énergie propre, ou, moins noblement, payer pour pouvoir continuer à polluer en toute liberté, pourront fort bien s'installer dans des territoires où le suivi et la contrainte restent légers et insoucieux. Et finalement la paupérisation des classes populaires s'accélérera dans nos pays développés, au profit des plus riches et des classes populaires des pays en développement, ce qui est politiquement inacceptable. La conséquence en est de renforcer les inégalités d'accès à ces instruments du bonheur ou du plaisir, ces biens et services de luxe qui permettent aux uns d'aller là où les autres ne vont pas, de faire ce que les autres ne font pas.

Globalement, l'effet prix est inefficace, puisque les riches seront toujours assez riches pour se payer l'énergie de leur choix ; le contingentement, en créant la rareté, joue sur ce même effet prix. Puisque pour les riches rien n'est inabordable ni inaccessible, il reste à le rendre illégal, à l'interdire par quelques décrets, qui annoncent un monde économique contraint par le politique et non plus l'inverse. Cette rupture-là est probablement la plus fondamentale. Elle est appelée tant par la révolution énergétique que par les questions de sécurité énergétique qui croissent et appellent une reprise en main du politique sur le sujet.

On peut imaginer un rationnement à long terme des avoirs énergétiques directs et indirects, qui a déjà commencé avec les restrictions à l'usage de l'avion sur les vols intérieurs, il va se poursuivre avec l'exclusion des véhicules thermiques, même si cela ne vaut pas réduction ou sobriété, car l'usage sous forme d'énergie décarbonée restera possible.

D'autres propositions existent, par exemple celle que me soufflait Gaël Giraud. Une carte de crédit carbone serait allouée à toute personne qui a une carte bancaire : chaque mois, chaque citoyen serait crédité d'un budget carbone gratuit (on pourrait commencer par 1 tonne de CO_2 par mois, ce qui revient à 12 tonnes par an). Au-delà, une taxe progressive serait prélevée sur tout achat, qui pourrait culminer à 300 euros par tonne au-delà de 20 tonnes, par exemple.

Au bout de quelques années, on peut imaginer que seuls les premiers 750 kilogrammes/mois (9 tonnes/an) soient gratuits. Pour éviter de pénaliser les mois d'été, on pourrait conserver d'un mois sur l'autre le budget carbone non dépensé.

Cette mesure ne nécessite pas de tracer le bilan carbone de tous les produits de consommation, il suffit de cibler les produits de luxe, le transport et le bâtiment. Évidemment, plus l'assiette des produits dont le bilan est répertorié est petite, plus les seuils de consommation carbone doivent être revus à la baisse. *In fine*, il serait « presque » plus simple d'envisager de créer une TVA carbone, autrement dit une « TCA », mais la complexité de mise en œuvre la rendra effective quand la bataille climatique sera terminée !

Cela poserait des problèmes méthodologiques : certains bilans carbone favorisent tel secteur aux dépens de tel autre, etc. Mais ces problèmes sont le petit doigt derrière lequel nous nous cachons. On est aussi capable de tracer le nombre de kilomètres parcourus par un produit, de sorte que la taxe kilométrique pourrait être une alternative. Est-ce la bonne approche ? Peut-être ou pas. Un match de foot, le tour de France et une course de F1 émettent plus ou moins le même bilan carbone : on arrête quoi ? Sur quelle base ? Politiser le renoncement, est-ce vendeur ? J'en doute.

La voie de la réglementation n'a jusqu'alors pas fonctionné : on ne peut que constater l'insuffisance ou l'aberration, donc l'inefficacité, de certaines réglementations. Prenons l'exemple des voitures : le malus écologique français, censé taxer les véhicules thermiques les plus polluants et dissuader les consommateurs d'acheter des voitures neuves thermiques, a pour effet au contraire de durcir les taxes des voitures faiblement émettrices de CO_2, avec des situations ubuesques de voitures peu consommatrices en carburant lourdement taxées et de voitures de luxe extrêmement polluantes très peu taxées, du fait des normes (WLTP) très théoriques[1] : des modèles de McLaren, Ferrari, un Porsche Cayenne de plus de 700 chevaux ou une gloutonne BMW XM (plus de 650 chevaux) ne furent longtemps taxés d'aucun malus, situation désormais ajustée depuis mars 2025. Mais les petites séries de luxe, les plus chères et prisées, sont exemptées pour l'instant de l'interdiction européenne sur les voitures thermiques en 2035. Cela donne une bonne idée de la situation ubuesque dans laquelle nous sommes, où le modèle de richesse et de succès pour certains est très exactement le contre-modèle sociétal de demain ! Sans compter que ces normes ne prennent en compte que les émissions de CO_2, qui ne représentent

1. Les normes WLTP favorisent les véhicules hybrides rechargeables, dont les données de consommation sont mesurées avec des batteries pleines, donc en consommation électrique, alors qu'en conditions réelles, si les batteries ne sont pas rechargées, la consommation explose. L'UE réfléchit à un nouveau processus d'homologation pour 2025, qui pourrait enfin tenir compte de la puissance des moteurs…

qu'une part de la pollution, à côté des émissions de particules fines (pneus), de la consommation de matière[1]. Sans compter que l'essentiel des émissions vient de la masse des véhicules d'occasion que les classes moyennes et populaires conservent le plus longtemps possible pour des raisons budgétaires évidentes.

Les débats actuels sur le renchérissement du prix d'usage de l'eau pour les piscines privées dans certaines communes soumises à un grand stress hydrique font appel aux mêmes raisonnements, mais, pour faire bouger les lignes, ils n'assument pas le rôle contraignant de la règle, préférant celui qui n'est que dissuasif du prix. L'élasticité prix est rarement suffisamment dissuasive pour contraindre les classes supérieures à changer de modèle.

La suppression à terme de la distribution des véhicules trop énergivores, comme les SUV, va nécessairement devoir se développer selon la même logique, car l'élasticité prix ne sera pas suffisante. On imagine mal la poursuite de politiques commerciales bas coût sur les vols touristiques bon marché, ou encore le maintien de bâtiments constituant des passoires thermiques sans l'imposition de programmes de rénovation puissants, avec des subventions octroyées par l'État en fonction des ressources des propriétaires.

La réglementation en matière d'urbanisme montre ce qu'il est possible de faire, c'est-à-dire les contraintes qu'il est possible d'imposer aux particuliers quand l'État le décide. Ainsi,

1. Un gros SUV, par sa forme (centre de gravité haut placé), nécessite un renforcement des systèmes de suspension, de sa structure et de la taille de ses pneus.

depuis l'adoption de la loi ALUR, loi pour l'accès au logement et un urbanisme rénové, en 2014, la loi modèle l'urbanisme de manière à éviter le plus possible l'étalement urbain dans le sens de la protection de l'environnement – diminution de la consommation des terres agricoles et des espaces naturels, réduction de la périurbanisation qui allonge les distances et éloigne les emplois, les services et les commerces, facilitation de l'accès à un logement, amélioration de la prise en compte de l'environnement... Et à cet effet on transforme la manière dont les Français se logent : diminution de la taille des parcelles (selon les régions, la taille d'une parcelle constructible ne dépasse guère 1000 mètres carrés), augmentation de la densité de logements, imposition de certaines formes urbaines, construction fléchée vers certaines zones (dents creuses, fonds de parcelles, friches, logements vacants...) L'encadrement législatif est dans ce domaine très fort : non seulement les zones où il est possible de construire sont soigneusement délimitées, ainsi que par conséquence celles où cela est impossible, mais encore sont définies des règles d'implantation, de volume, d'aspect et de contenu des constructions. Par ces impératifs, les pouvoirs publics imposent une certaine forme d'utilisation des sols et encadrent la manière dont un individu peut ou non construire son logement : un exemple de contrainte, au nom de l'environnement, qui est globalement accepté par la population et les élus locaux, mais encore peu rigoureusement appliqué – l'État y veille. La contrainte est donc possible, pour peu que l'État décide de la mettre en œuvre et se donne les moyens de la contrôler.

D'un point de vue global, tous les pays ne sont pas au même diapason, et la sobriété énergétique que nous devons atteindre ne sera pas identique dans tous les pays et pour tous les usages ; la volonté de faire bouger tout le monde en même temps ne fonctionne pas.

Les pays d'Amérique du Sud, les pays du cœur de l'Afrique centrale ne cherchent pas à réduire leur empreinte carbone mais à consommer plus pour augmenter l'accès aux richesses, se protéger contre les effets du réchauffement ! Ils peuvent probablement dès aujourd'hui avancer vers des mix énergétiques plus proches de la cible, d'autant plus ceux disposant de ressources renouvelables considérables qui leur permettront demain de devenir des acteurs de l'énergie quand ils étaient des importateurs nets, comme par exemple le royaume marocain. Mais il est illusoire de croire qu'ils peuvent et veulent accomplir les mêmes mutations que nous. D'un autre côté, les États les plus riches ont avancé sur la voie de politiques assez puissantes en faveur du basculement du modèle.

Les Américains avançaient sur ce chemin, mus par des objectifs liés aux enjeux économiques et géopolitiques, moins par la conscience « morale » qui anime l'Europe. La Chine mène des efforts importants parce qu'elle est confrontée à de graves problèmes de santé publique, dus notamment à la mauvaise qualité de l'air dans les villes, mais aussi désireuse par un certain cynisme de reprendre le flambeau du leadership moral sur la planète et désormais de passer pour le leader du « monde progressiste », puisque les États-Unis sont passés actuellement du côté du monde « réactionnaire »,

Si les pays riches et la Chine sortaient progressivement de l'usage des énergies fossiles et que celles-ci restaient fléchées sur les pays les moins développés, pour qui ces énergies sont essentielles au processus leur permettant d'atteindre rapidement un niveau de développement acceptable, sans pour autant toucher au niveau démesuré atteint par les pays les plus riches, alors nous nous rapprocherions d'une situation où la part fossile dans le mix est acceptable.

Imaginons un exercice individuel. Que signifie pour chacun de diviser par deux sa consommation énergétique ? C'est là que la question devient complexe, car une part non négligeable de notre consommation énergétique est systémique[1], c'est-à-dire produite par l'ensemble de la mécanique productive dans laquelle nous nous trouvons. Cela ne signifie pas pour autant que nous n'avons pas chacun notre rôle à jouer…

Mon propre bilan énergétique peut servir d'exemple de ce qui dérive. Il est désastreux du fait des voyages que j'effectue pour mon activité professionnelle – j'ai beau me dire qu'elle est censée accompagner en partie la mutation vers des actifs bas carbone de nos modèles énergétiques, cela reste une consolation assez dérisoire et un argumentaire discutable. Je n'utilise pas la voiture, je ne circule qu'en métro, en taxi « électrique » ou à pied. Je consomme plutôt du poisson que de la viande et je m'efforce d'augmenter la part des repas végétariens. Je n'ai pas une activité consommatrice particulière autre que les agréments de la restauration ou des spectacles. Résultat : je bute sur un talon d'émissions à 6 tonnes par an, en ayant fait l'hypothèse de supprimer tous les voyages professionnels (avec les voyages, le chiffre explose !) et d'ajuster la taille de mon logement

1. L'Ademe, dans son modèle de calcul du bilan carbone, estime à 1,5 tonne par an par habitant la part « systémique », c'est-à-dire l'usage des infrastructures et services publics.

au départ des enfants (ce qui n'est pas vraiment prévu...) On comprend bien ainsi que vouloir descendre en dessous des 4 tonnes par an (il faudrait en fait viser 2 tonnes !) et par personne nous conduit à des logiques de sobriété extrêmement fortes dans nos mondes hyperdéveloppés. Dans mon cas, en quelque sorte, il s'agit de voyager moins, de mieux isoler et pour le reste que l'énergie soit décarbonée.

Pour chacun, les approches sont différentes et tout le monde n'atteindra probablement pas les mêmes cibles. La capacité à sécuriser un socle d'énergie décarbonnée est donc dans tous les cas centrale.

S'il s'agit d'un citoyen qui vit en périphérie, en province, est éloigné de la ville et dont la mobilité individuelle ne peut pas être assurée par des services de transports collectifs, l'équation est encore plus délicate. Pour certains, les émissions baisseront s'ils utilisent une voiture à moteur à faibles émissions, et donc par l'effet efficacité et bas carbone, mais cela sera réalisé au prix d'un renchérissement conséquent de leur équation énergétique qu'il faudra aider sous une forme ou une autre (importations chinoises, primes, meilleurs transports publics... ?) De là, tous les axes d'une politique générale se mettent en place.

Ainsi, la seule donnée qui rapproche les deux alternatives – sauver le monde ou le changer –, c'est qu'en avançant vers le bas carbone, on prend conscience qu'il faut changer de monde. Alors, sauvons-le vite !

Pour y arriver, nous devons repenser notre approche complète de la notion de richesse et de sa circulation, accroître notre capacité à mobiliser les ressources du capital très agiles vers les sujets critiques pour notre bien commun, sans pour autant privatiser le monde et les ressources, orienter de manière directive les investissements et les « bons » usages de l'énergie, sans sombrer dans le totalitarisme économique.

Aligner le capitalisme et le bien commun, la performance et la vertu ?

Surgit alors le débat le plus lourd peut-être, voire le plus cynique. Continue-t-on de voir les États faire semblant d'élaborer leurs promesses de décarbonation énergétique quand pour certains il s'agit du cœur de leurs richesses, de leur PIB, des emplois de leurs citoyens, quand leur croissance, leur prospérité et leur souveraineté sont en jeu ? Il est très difficile de croire que la morale bien-pensante et la stratégie du pollueur-payeur – qui consiste en une sorte de sadomasochisme étatique – vont produire leurs pleins effets, que les États qui ont déjà beaucoup pollué (la fameuse dette carbone) vont, uniquement pour se faire pardonner, aller plus vite dans leur transition[1]. Il est tout aussi difficile de croire que ceux qui ne savent pas produire, se déplacer, vivre sans les richesses et la facilité du charbon ou du pétrole vont accepter de se contraindre ou de payer des taxes carbone croissantes, qui renchérissent potentiellement leur dette et leur dépendance envers les pays riches. Sauf à inverser les tendances, et à payer ceux qui vont y perdre,

1. Même si l'accord de Paris et la CCNUCC reconnaissent une « responsabilité partagée mais différenciée » qui traduit ces contributions plus fortes des émetteurs, cela ne suffit clairement pas à rendre la dynamique plus forte, seulement à ajouter des éléments d'arguties à ceux qui veulent aller lentement.

afin que l'alternative soit neutre et que dès lors il devienne payant de devenir vertueux…

On assisterait à un curieux alignement, presque cynique, du bien commun, de l'argent et de la bonne conscience.

Il n'est pas impossible que la sortie de notre dilemme se traduise par un alignement de la performance et du bien commun, une forme de performance vertueuse pour tous. Ce serait une première dans notre monde où le business et le service du bien commun n'ont pas de cohabitation de principe, au nom de la liberté de penser et agir, qui est au cœur du projet politique libéral, ferment lui-même de nos démocraties et de la pensée occidentale.

Il est ainsi pensable qu'au nom de l'urgence ontologique qui se pose devant nous, une forme d'injonction de sobriété soit nécessaire pour amener les acteurs de l'économie à ne plus rien faire d'autre qu'orienter leurs investissements, leurs process, leurs modes de calcul et de raisonnement à la seule fin de la réduction des émissions.

Ceci pourrait préfigurer un monde chinois, ou orwellien, où le bien devient une condition de l'agir, et la définition du bien repose dans les mains d'un pouvoir sachant, dépositaire de la bonne conscience de l'humanité au nom de sa survie.

Il nous reviendra donc de savoir gérer une transition dans un monde de ce type, sans y perdre tout notre libre arbitre, la force des contre-pouvoirs et des pensées alternatives.

Bien sûr, le réchauffement climatique n'est pas le seul sujet de débat et la liberté de pensée et d'agir doit pouvoir se déployer en plus, à côté ou par ailleurs. Mais si nous devons concentrer tous les efforts économiques pour repenser nos modèles et nos infrastructures vers un monde à la fois plus propre, avec un enjeu technologique, plus sobre, avec un enjeu de société, et plus souverain, avec des enjeux géopolitiques majeurs, alors compte tenu des enjeux de temps et de taille, c'est-à-dire compte tenu des contraintes budgétaires, il resterait peu de place pour déployer des dépenses publiques dans d'autres domaines... Autrement, nous développerions enfin une politique économique et budgétaire centrée sur ce sujet, dont dériveraient les questions sociales, fiscales et internationales, les « climanomics ». Or, actuellement, cette bascule ne s'est pas vraiment faite.

Vers les climanomics ?

Pourtant nous y sommes déjà, mais nous ne l'avons pas encore formulé de manière consciente, en déclinant les changements induits dans nos réflexions politiques, nos priorités et nos comportements individuels et collectifs.

Nous y sommes déjà sur un plan macroéconomique. La période qui s'ouvre, marquée par la multiplication des plans climat tous plus puissants les uns que les autres, instaure probablement une nouvelle ère, dont le premier fondement n'est pas la gestion « en bon père de famille » du budget de la cité, du pays, du ménage, à savoir la pratique macroéconomique usuelle, mais une gestion économique et financière de temps de guerre, pour effectivement mettre en œuvre ce que nous avons exposé ici.

La somme des plans climat annoncés par les grands pays du monde représente environ 1 400 milliards d'euros, mais elle ne fait qu'enclencher une mécanique d'investissement qui va représenter durablement plusieurs points de

PIB par an et qui ne permet pas de boucler les enjeux de transition, puisque cette agrégation des INDC ne permet d'atteindre qu'un petit tiers des objectifs, sous réserve d'être mis en œuvre à temps, ce qui n'est pas vraiment le cas. La mécanique de financement a été chiffrée par de nombreux organismes et largement évoquée plus haut, soit 4 à 6 % du PIB mondial.

Cette dynamique se déploie cependant en parallèle d'une situation macroéconomique que d'aucuns décrivent comme délicate, cumulant une montée inflationniste forte et parallèlement une hausse des taux d'intérêt, qui devrait tendre à réduire la dépense publique, freiner la croissance et limiter l'appétit du risque et la prise de risque.

Dans une économie qui doit se refroidir, l'injection abondante – et qui devrait durer – de politiques, de liquidités et de réglementations qui vont forcer le monde à investir massivement dans des infrastructures et des technologies de substitution de nos technologies fossiles, constitue un défi à nos principes et à nos règles économiques usuelles.

Elle acte que nous sortons *de facto* de la pratique économique usuelle et que les signaux de valeur qui ont été émis au travers de ces avancées annoncées en Asie, aux États-Unis (avant Trump), en Inde et en Europe, devraient, s'ils sont confirmés malgré le revirement américain actuel, détourner une partie des efforts, des investissements et des talents vers les métiers de la transition. Nous allons voir déferler de nouvelles taxonomies des investissements dits durables, pour ne pas dire vertueux, qui alimentaient les grands débats entre Allemands et Français sur la place du nucléaire et du gaz avant la crise ukrainienne qui a changé la donne. Quand elles seront finalisées en Europe, qu'il s'agisse du règlement SFDR[1] ou de la taxonomie verte européenne[2], elles seront reprises consciencieusement par les Américains, les Japonais et tous les autres, ce qui achèvera de classer et de « juger » les investissements utiles, favorisés par conséquent, par rapport à ceux jugés moins favorables et qui devront donc coûter plus cher. Et une fois de plus l'Europe aura montré l'exemple, mais au lieu de s'en réjouir, nous nous en plaignons.

Les climanomics sont le nouvel horizon à inventer de nos politiques publiques et privées. Elles vont affecter l'agencement de l'ensemble de nos ressources et des priorités de financement d'investissement, de formation et de focalisation des énergies.

Dès lors, les États et les peuples vont être confrontés à une nouvelle manière de gérer les priorités de la cité qui, dans un contexte géopolitique qui en parallèle se tend, doivent désormais être guidées par la seule exigence de

1. Le règlement européen « Sustainable Finance Disclosure Regulation », entré en vigueur en 2021, vise à favoriser les produits financiers ayant une approche environnementale et sociale. Aligné sur l'Accord de Paris de 2015, il doit faciliter la distinction et la comparaison des produits financiers par des critères environnementaux et sociaux.

2. La taxonomie européenne, adoptée en 2020, désigne la classification des activités économiques ayant un impact favorable sur l'environnement en fonction de cinq critères : atténuation ou adaptation au changement climatique, utilisation durable et protection des ressources aquatiques et marines, transition vers une économie circulaire, contrôle de la pollution, protection et restauration de la biodiversité et des écosystèmes.

sauvetage, autant que cela est encore possible, de notre espace de vie.

C'est une très grande responsabilité des politiques aujourd'hui d'avoir le courage de faire front commun sur cette ambition, avant toutes les autres. Il existe, sur ces bases, suffisamment de sujets de débat pour maintenir de la diversité en politique, mais au moins la direction, la timeline et les grandes équations énergétiques devraient être agréées.

Le prisme de la transition devrait être premier sur tous les arbitrages rendus dans tous nos ministères. Cela doit toucher l'ordre intérieur (on ne dissout pas les mouvements écologistes radicaux qui essaient de faire appliquer des décisions de justice et on n'ouvre pas dans le même temps toutes les autoroutes aux tracteurs de la FNSEA qui ne défendent pas l'agriculture de demain !), l'éducation (on renforce et on exige que toutes les écoles de France développent réellement des programmes de formation sur les enjeux du climat et de la biodiversité, depuis le plus jeune âge), la science et les technologies, l'économie et les finances (pour des raisons évidentes de priorité budgétaire), la santé et la protection sociale (tant sont nombreux les effets du climat sur les personnes précaires et fragiles, ce qui signifie des approches budgétaires adaptées).

Les climanomics signifient profondément un renversement de signaux de valeur, car ils vont revisiter les priorités entre l'économique et le politique, le chacun pour soi et le vivre ensemble, le laisser faire et le bien commun, notre rapport au temps des choses (à la circulation de la monnaie et des biens), à la notion de liberté, à la relation entre l'argent et la vertu, à la promesse de la richesse et à son média, le monde productif, qui est homothétique de l'épuisement des ressources et donc n'est plus acceptable sans contrainte. Il ne s'agit pas de tout arrêter mais de mieux contrôler.

Notre rapport au temps des choses va changer ; ce qui dure et prend du temps doit retrouver sa valeur. Cela est cohérent avec la montée en puissance, certes relative, d'un côté des modèles économiques circulaires et de l'autre des logiques économiques d'usage plus que d'avoir (*pay per use*), et qui participent d'un renforcement des taux d'usage des actifs. Le « paiement à l'usage » se développe de plus en plus, qu'il s'agisse de l'aviation (*power-by-the-hour*, achat d'heures de vol), de l'impression (*pay per print*, *pay per copy*), du transport (*pay per mile*, *pay as you drive*), de la vidéo, des véhicules, des logements bien sûr, et même de l'éclairage (*pay per lux*)...

Certaines études montrent cependant que le modèle de paiement à l'utilisation ne débouche pas systématiquement sur une diminution de la production matérielle, puisque, dans le cas des véhicules, le taux d'usage renforcé débouche sur un taux d'usure accéléré et un remplacement plus rapide des véhicules. Par ailleurs, il n'est pas certain que cela permette de mieux absorber une partie des surcoûts des motorisations bas carbone, et d'orienter la conception des véhicules vers des solutions plus solides à l'usage. Mais d'autres bénéfices sont constatés, notamment un retour à des pratiques de conception et de fabrication plus solides et un travail de retour d'expérience sur les opérations par l'accès aux données de fonctionnement, pour améliorer l'usage.

Cette forme de consommation nouvelle devrait aussi progressivement se déployer dans les produits blancs et les équipements électroménagers, fortement consommateurs de matières premières. L'enjeu sera de générer des formes d'usage accrues par unité de matière et d'énergie consommée. L'Ademe utilise souvent l'exemple de la perceuse dans les foyers, qui n'est en moyenne utilisée que dix minutes par an !

Le second enjeu est de trouver une manière de faire circuler la richesse (monétaire) entre les individus, en la décorrélant de sa ponction sur le monde tangible et en déconnectant la création de richesse de la circulation des choses et des services.

On retrouve le vieil objectif de ralentir le monde productif, d'accélérer les autres formes d'être au monde... Vaste programme ! Certes, le vieillissement démographique et le développement concomitant des maladies chroniques imposent de développer une économie de la relation, dont la valeur n'est plus indexée sur une forme de productivité d'usage, mais sur une qualité de l'échange dans des périodes de temps fixées qu'il n'est point question d'« optimiser », mais de mieux valoriser. Il s'agit ainsi de redonner de la valeur aux fonctions de transmission, d'écoute, de soin, de protection et de vie dans la cité, de relation aux autres... Cette revalorisation ne peut être effective que par un renchérissement de la dépense publique, ou par – certains préféreront – une accélération de la privatisation de ces métiers et une accélération de la marchandisation du monde non marchand, de cet écosystème informel qui fait société et permet au monde marchand d'être efficace[1].

1. Lire sur le sujet les réflexions sur la notion d'activités « reproductives » de la société, le tout social non marchand qui permet au monde de vivre au quotidien sans que cela fasse partie de l'univers quantifié, normé et « valorisé » par les indicateurs

Cependant, il faudra dans tous les cas revoir le paradigme de la valeur que nous accordons collectivement à tous ces métiers qui dépensent peu d'énergie et consomment peu de notre monde, mais sont par ailleurs essentiels à notre monde actuel – et en général très insuffisamment valorisés, financés et payés pour leurs missions essentielles. Ils sont plus vertueux sur le plan énergétique et plus utiles sur le plan sociétal, mais souvent les moins valorisés économiquement. Cela devra inévitablement changer.

Sinon, la machine va se gripper. Notre société ne survivra pas longtemps à un modèle économique et social où l'argent n'accompagne pas les besoins sociaux et collectifs qui font que nous savons et pouvons vivre ensemble. Nous sommes échaudés : les envolées lyriques lancées pendant le covid par tout ce que notre monde compte de penseurs et de donneurs de leçons sur l'importance des métiers de services et de soins apparaissent aujourd'hui bien loin, quand ils n'ont jamais été aussi critiques et essentiels pour nous.

Il nous faudra aussi considérer et affirmer que notre liberté de penser, parler, se voir et échanger, vivre, soit désormais plus importante que notre liberté économique, à savoir celle de consommer, bouger et nous chauffer comme bon nous semble.

Pas facile ! Nous sommes de fait tout autant sensibles à tout cela, l'avoir et le montrer, que nos amis chinois que nous prenons tant de plaisir à critiquer pour leur passivité politique collective dans ce simulacre démocratique

---

usuels de richesse, et la nécessité d'une activité « économique » commensurable de son activité socle, non marchande, in Timothée Parrique, *Ralentir ou périr*, 2022, *op. cit.*

qu'est la Chine. Après tout, ils bénéficient tout comme nous de la liberté d'aller et de venir (à peu près), mais surtout de courir après l'avoir matériel et l'abondance de la consommation.

Nous sommes entrés en période de turbulence démocratique forte. Les forces populistes jonglent aujourd'hui avec le désarroi des politiques « gestionnaires », et en profitent, or ceux-ci, quoi qu'ils en aient, ne cessent de travailler à « faire avec » les disruptions du monde, sans vraiment agir de manière déterminante pour faire bouger les lignes, en alléguant habilement que soit la pression sociale, soit la pression financière, soit la pression internationale empêchent de vraiment bouger vite.

Ainsi, sous une forme ou une autre, notre monde de liberté bascule vers un monde de contraintes. Nous allons devoir accepter de revisiter les degrés et les espaces de liberté qui nous semblent nécessaires pour continuer de nous concevoir en démocratie, c'est-à-dire accepter de réduire le champ des sujets qui focalisent l'attention afin de recentrer nos énergies, nos efforts, nos investissements vers l'exigence énergétique et climatique. Cela rend nécessaire de revisiter les priorités dans les arbitrages publics, mais aussi dans les espaces privés puisque les entreprises seront au cœur de la transformation nécessaire. Croire et faire croire que le marché permettra d'accomplir cette tâche délicate sans la contrainte d'une dynamique politique, réglementaire et financière extrêmement précise et claire constitue un mensonge très irresponsable.

Il faudra donc accepter qu'une partie de nos modes de vie soit redessinée à l'aune d'un modèle sobre, sous des contraintes qui ne pourront pas se contenter de modèles économiques d'élasticité prix, puisque les plus riches seront toujours en mesure de payer.

Préparons-nous alors à des formes de contraintes fermes sur nos modèles de consommation et de déplacement. C'est une atteinte directe à notre liberté de consommer, d'aller et de venir. Certains diront que tant que la liberté de penser est sauve, la démocratie et la possibilité même que la volonté générale décide d'avancer autrement sont sauves aussi. Et beaucoup oublient les contraintes collectives que nous acceptons au quotidien dans nos modes de vie, sans parler de celles que nous avons acceptées lors des grandes crises énergétiques des années 1970 ou plus récemment évidemment l'unique mise en quarantaine généralisée du covid. Le climat vaut bien quelques aménagements.

Somme toute, saura-t-on revisiter collectivement le champ de nos désirs pour garder la liberté de nos rêves ? C'est le grand débat qui s'ouvre devant nous. Mais entre le populisme de court terme et une forme de dirigisme économique éclairé, nous allons devoir faire un choix. Le problème est qu'actuellement le choix reste entre le populisme de court terme et un volontarisme flou et non centré sur la question, de peur justement d'engager dans le forum les vrais sujets.

Le paradoxe terrible est qu'il est en effet fort probable que ce seront les élites les plus protégées, dont je fais évidemment partie, et la plupart de ceux qui suivent le sujet, qui défendront malgré tout une forme de statu quo au nom du maintien de la liberté, valeur que chacun tend à mettre benoîtement au-dessus de tout parce qu'elle sous-tend les grands principes du modèle économique de croissance et de liberté individuelle qui a construit notre société actuelle et ses réflexes de mesure, de définition de la valeur et de ses projets

– alors même qu'elle alimente désormais une mécanique économique qui menace notre monde vivant et nous conduit au désastre si la puissance de la liberté d'entreprendre et d'investir n'est pas fortement dirigée vers les bons sujets, climatiques et productifs. Au nom de la liberté, accepter ce désastre ? Ou bien au nom de la vie, vivre dans une société plus dirigée sur les questions énergétiques ? Vaste dilemme.

Tant que ce débat n'aura pas vraiment lieu, nous ne serons pas vraiment entrés dans la guerre du climat dans laquelle nous sommes engagés malgré nous depuis quelques générations déjà, et qui continuera, quoi qu'il arrive, avec ou sans combattants du côté des humains !

Effectivement, la mise en œuvre des climanomics va combiner des formes de dirigisme économique puissant et la mise en jeu des meilleures forces du marché pour permettre le déploiement accéléré de nos nouveaux modèles productifs et énergétiques, tout en développant progressivement les normalisations de nos pratiques d'agir et de consommer qui soient capables de faire émerger des modèles de développement non seulement bas carbone mais aussi plus sobres. Ainsi, parce que l'urgence est de sauver le monde, les mesures à prendre vont le changer.

Notre rapport à l'énergie est ainsi progressivement devenu, quoi que nous pensions, une traduction quasi homothétique du développement des « artefacts » de nos vies quotidiennes, pour reprendre le terme de Bernard Stiegler. Chaque artefact (machine, robot, intelligence digitale, outil nous aidant à accomplir des tâches diverses), machines à laver le linge, machines à laver la vaisselle, services à domicile, robots broyeurs et robots « fait tout », véhicules électriques, trottinettes, toutes les formes de soutien mécanique à la mobilité, ascenseurs, escaliers roulants et escalators, tous les objets et vidéos numériques qui permettent certes de voir de loin sans aller voir les autres, mais génèrent en retour une accélération des consommations d'énergies visuelles sur écran (la part des énergies utilisées par les datas monte chaque année de manière considérable pour représenter aujourd'hui plus de 3 % de nos consommations électriques[1]), chacun de ces artefacts permet une réduction de notre emprise directe sur nos vies réelles, une « dépréhension » de l'action, de l'effort, physique ou intellectuel, pour agir au quotidien.

Le temps gagné devient de fait un temps libéré pour consommer, travailler ou créer, mais souvent c'est un temps gagné à ne rien faire ou à consommer autre chose qui à son tour consomme de l'énergie. Chaque progrès dans ces accès aux produits et services du quotidien pour nous « simplifier » la tâche, la vie, les petits moments de la journée, constitue une énergie de plus dépensée pour que nous fassions moins. Mais si, en général, la dépense énergétique d'un humain pour accomplir une tâche qui peut être automatisée est moins efficace que l'artefact automatisé, le temps libéré génère sa propre entropie d'énergie en une autre occupation, utile ou non, mercantile ou gratuite, stupide ou intelligente. Le temps qui se libère pour nous devient un temps d'énergie supplémentaire pris dans le monde, sans pour autant que cette libération soit toujours une vraie contribution au bonheur. Chaque jour, ce sont ainsi non seulement 8 milliards de jours qui se passent, mais en fait

1. « Data Centres and Data Transmission Networks », IEA, 11 juillet 2013.

beaucoup plus, à considérer les énergies sollicitées pour alimenter les machines énergétiques de nos vies quotidiennes. Cependant, le temps ainsi « gagné », lorsqu'il se transforme en zapping compulsif, en consommation passive des écrans, en achats compulsifs ou automatiques, juste pour occuper le temps, ce détachement produit une accélération du temps d'usage des énergies du monde. C'est une course sans fin, qui ne cesse d'accumuler des gains de temps qui génèrent en retour des dépenses supplémentaires d'énergie[1].

Faut-il arrêter le progrès ?

Quand avons-nous pour la dernière fois passé quinze minutes à décortiquer des cosses de haricots blancs, cinq minutes à laver une salade, quinze minutes ou trente, voire plus, à préparer un repas, à juste prendre le temps de le faire ? Est-il cohérent d'acheter une cuisine ultra-équipée et de vivre d'Uber Eats ?

Quand prenons-nous le temps d'aller marcher plutôt que de courir, de contempler plutôt que de dévorer, de se retirer du monde pour respirer, juste respirer, ou encore méditer ? Peut-on utiliser ce temps gagné pour ne pas le perdre et vraiment en faire autre chose qu'une activité de préhension du monde ? Ce serait ainsi reprendre le goût de faire des choses simples, où la seule interaction de ma vie avec le monde ne mobilise que ma seule énergie. Il ne s'agit

1. Cf. Hartmut Rosa, *Accélération. Une critique sociale du temps*, Paris, La Découverte, 2010. Hartmut Rosa a longuement étudié la question de l'accélération du temps dans les dynamiques de création, de conception et de développement des économies.

pas simplement de réduire notre empreinte énergétique, mais de se poser la question de ce que signifie reprendre conscience de notre être au monde, quels sont les liens, non intermédiés, entre ce qui m'entoure et moi, qui me permettent de me reconnecter au monde sans filtre, aux autres sans média, aux vivants qui nous entourent sans artifice pour « simplifier » la relation – la fontaine à eau pour le chat, le footing avec le chien en laisse servent-ils vraiment la relation avec nos animaux ? Je ne donne aucune leçon, je suis dans la même spirale, comme la plupart d'entre nous. Je constate simplement que les quelques fois où je prends le temps de faire des choses que les machines peuvent faire pour moi, le temps se remplit d'une simplicité apaisante et reposante. Nietzsche, dans *Ecce Homo*, dit : « ne prêter foi à aucune pensée qui n'ait été composée au grand air, dans le libre mouvement du corps – à aucune idée où les muscles n'aient été eux aussi de la fête. »

Prendre son temps, *carpe diem* diront les autres. Le temps de faire des choses simplement, juste cela ou même de ne rien faire.

Nous n'irons pas jusqu'à l'éloge de la paresse de Paul Lafargue, quoique paradoxalement cette ambition rejoint celle de Musk de faire de nombreux d'entre nous des esclaves digitaux, poussés à la paresse par la prise en main de leur vie, leurs envies, leurs oisivetés par l'IA, au point de faire de *I, Robot* le film le plus prémonitoire des dernières décennies sur ce que peut être notre futur si nous n'y prenons garde.

En est-on capable encore, ou bien a-t-on basculé effectivement dans cette ère de l'homme mutant, prémices du transhumanisme qui nous est promis par les libertariens de la Silicon Valley[1] ? Non seulement cette possibilité grandit, alimentée par la puissance des GAFAM, mais en plus elle propose un mensonge absolu sur la question énergétique, du simple fait de ce qui vient d'être évoqué. Elle crée une usine à fabriquer une démultiplication des temps d'énergies parallèles, en accélérant notre déconnection du monde réel. Et l'énergie devient la métrique implacable et mortifère de cette dynamique et le marqueur de ses limites, autrement dit le marqueur du temps réel de nos ressources, qui rattrape le fantasme digital. Si nous poursuivons la stratégie de la pointe, qui est de fait celle des GAFAM, non seulement nous allons perdre notre dernier lien avec la terre, mais en plus nos talons ne pourront plus nous porter !

Christian Bobin dit : « Il y a une sainteté noire de la technologie, une volonté de rendre possible l'impossible. Malheur à qui voit venir à lui la forme de ses rêves[2]. »

Les grandes religions monothéistes, à commencer par l'Ancien Testament, ont toutes conçu un temps de pause quotidien par semaine : le jour du Seigneur (au septième jour après avoir créé le monde, Il se repose), le jour du repos, le shabbat pour la religion juive ; le ramadan suggère un ralentissement de l'activité de chacun avec le jeûne de la journée. Ne s'agit-il pas en quelque sorte à chaque fois de se mettre au ralenti, de suspendre ce que l'on prend du

---

1. On pourra lire sur les fantasmes de la perfection ou encore de la maîtrise totale de son futur, notamment appliqués aux questions génétiques, l'ouvrage remarquable de Michael Sandel, *Contre la perfection*, Paris, Vrin, 2016.
2. Christian Bobin, *Le muguet rouge*, Paris, Gallimard, 2022, dernier ouvrage paru juste avant son décès.

monde pour se centrer sur sa célébration ? On peut réfuter le recours religieux sans pour autant refuser de voir la part de sagesse qui se trouve derrière ces préceptes.

Sous un autre angle, nous sommes tous bien sûr en sidération devant les logiques de contrôle social qui sont mises en œuvre en Chine, qui finissent par noter les individus, fichés, suivis et filmés de plus en plus systématiquement en tous les points des villes. Il s'y trouve aussi cette injonction donnée aux parents de ne pas laisser les enfants devant des écrans d'ordinateur ou de téléphone plus d'un certain nombre d'heures par jour. C'est choquant, très choquant. Mais ce qui choque, ce n'est pas que les enfants (et nous-mêmes) soient protégés d'une exposition trop permanente et systématique aux écrans et à toutes les formes de passivité visuelle et intellectuelle devant des écrans, et l'ensemble du processus de déconnexion avec l'autre, le réel et ce qui nous entoure que cela génère. Les grands patrons des GAFAM se gardent bien de laisser leurs enfants se jeter sans contrôle sur les écrans et l'ensemble des réseaux sociaux qu'ils ont fabriqués. Ce qui sidère est que c'est un Orwell chinois qui impose des mesures qui seraient probablement considérées comme de sagesse si elles venaient naturellement de chacun d'entre nous.

Somme toute, avons-nous abandonné le combat entre sérotonine et dopamine, au point de ne plus réagir qu'aux offres d'addictions plaisantes mais peu durables et de refuser le petit effort de plus à faire pour se déprendre de la facilité à la consommation et à l'énergie facile, et oublier ce qu'être humain veut dire, à savoir se mettre au-dessus, se doter de la volonté et de l'énergie d'aller au-delà de la pulsion de désir, de consommation, de possession, d'abrutissement qui nous déprend de notre être à nous-même, au point parfois de nous perdre ?

Ainsi, cette exponentielle énergétique dit beaucoup de notre déprise au monde, de cette surabondance d'usages énergétiques surajoutés pour nous rendre, à chaque génération, moins dépendants de notre condition humaine, de l'espace, du temps, de la matière, au point d'aspirer le monde pour nous le restituer ici et maintenant. Logique de réification, tangible ou digitale, qui cache une forme d'aporie de sens de cette frénésie compulsive de consommation du monde.

Il se trouve derrière ce que nous vivons une bascule ontologique essentielle, dont une part est peut-être à chercher dans la disparition de l'approche transcendantale du sens qu'offraient les religions du Livre, imposées et aussi simples à prendre qu'incontestablement difficiles à raisonner. Cela a aussi à voir avec l'absence de but que propose une société qui offre tout, maintenant, tout de suite, sans proposer de réfléchir au pourquoi ni au vers où.

Plus de 80 % de l'humanité reste cependant sous l'influence de formes de spiritualité de la cause et du sens qui sont souvent moins transcendantales que tournées vers l'immanence des choses et la résilience de notre être dans le cœur du monde. Une forme qui rapproche de la Nature divine de Spinoza, sans pour autant y requérir des notions explicites de bien et de mal, mais plutôt l'induction de chacun dans un flux vital des énergies qui englobe tout le monde sensible, et embarque les sociétés vers des évidences qui n'ont pas de point fixe moral ou éthique, mais la simple dynamique profonde des forces et des volontés qui fait basculer les sociétés d'un côté ou d'un autre. C'est ce qu'expose François Jullien dans ses recherches sur les formes du religieux dans le monde chinois dans son dernier ouvrage[1]. C'est aussi ce qu'esquisse Hartmut Rosa dans sa notion de résonance à vivre[2].

Quels que soient les modèles de production de sens à vivre, ici et maintenant, seul ou dans une société, la faculté de nos esprits de formuler du lien entre ce que nous sommes, où nous sommes et où nous allons, souvent formulée comme « atterrir » par Bruno Latour, donne probablement une clé essentielle pour revisiter les codes de nos usages énergétiques et de leur valeur.

Ainsi, quand bien même les méthodes chinoises (qui ont peu de leçons de vertu climatique à donner, puisque, en à peine trois décennies, la Chine a déjà presque rattrapé la dette américaine sur les émissions de CO_2), sont toujours fortement choquantes dans leur verticalité, il est probable que beaucoup partagent en leur for intérieur la pertinence d'actions sociétales fortes pour limiter l'exposition des enfants aux ravages des écrans, et que nombreux sont ceux qui cherchent désormais des espaces déconnectés.

À force d'avoir combattu pendant des siècles pour que le libre arbitre de chacun et la liberté démocratique du corps social s'imposent, nous avons abouti à un corpus de protection des droits de tous qui rend nos systèmes compliqués, coûteux et très peu rapides, à rebours de toute la dynamique technologique et économique actuelle, poussée par les régions neuves dans leur développement. Nous voilà désormais comme désemparés : forts de cette ardente liberté de faire ce que l'on veut, faute de tension vers un sens commun

1. François Jullien, *Moïse ou la Chine*, Paris, L'Observatoire, 2022.
2. Hartmut Rosa, *Résonance*, Paris, La Découverte, 2018.

ou collectif, chacun oriente sa volonté vers des buts individuels, aussi précis que singuliers, et ne dispose plus, non point de l'envie, mais souvent de la volonté, de se protéger de la surabondance des propositions marchandes, toutes fortes en valeur perçues et très énergivores.

Comme si nous n'étions plus capables de nous doter par nous-mêmes de la volonté de seulement nous protéger. Ce besoin de servitude, directe (injonction) ou indirecte (absence), pour nous replonger dans une relation directe, simple et présente au monde qui nous entoure, dit beaucoup de la vacuité qui semble sourdre d'un libre arbitre infini, sans contrainte ni direction pour l'ordonner.

Sommes-nous orphelins de verticalité ? Ce serait bien le comble, mais ce n'est pas une raison pour ne pas nous poser la question.

Il n'est point question de remettre en cause la liberté de penser, de juger et de débattre, mais de se demander jusqu'où une société peut tenir si elle n'a plus les moyens de s'auto-imposer des règles pour que son développement commun soit préservé.

Si ces règles, demain, doivent inclure des mesures strictes et applicables à tous, de limitation de nos accès aux énergies sous toutes les formes, dans des plages de temps définies, cela ouvrira probablement un vaste débat, mais à certains égards ce sera une perte de liberté bien moins grave que celle des guerres et des drames qui nous attendent si rien ne bouge.

Si à cette occasion nous pouvions aussi revisiter nos rapports sociaux vers plus d'échanges, moins de silos, plus de dialogues et moins d'anathèmes, il n'est pas sûr que notre vraie liberté d'être, de penser et de juger n'en sortirait pas grandie.

Ce qui attend ainsi nos démocraties n'est rien moins que de trouver les ressorts d'un réveil face aux régimes totalitaires qui, au nom du peuple ou d'une idéologie, déploient une verticalité dont l'efficacité à court terme est dangereuse. À ne pas être capables de développer une verticalité sur des sujets aussi sensibles pour notre futur, aussi puissants pour redessiner collectivement ce que nous voulons faire de notre puissance technologique et de notre liberté, nous prenons le risque de perdre deux fois. Nous perdons déjà la guerre économique de plus en plus rapidement, mais nous sommes aussi en train de perdre la guerre du sens, aussi difficile à admettre que cela soit.

Même si le sens des idéologies nationales ou totalitaires est dangereux, c'est un sens et cela met en marche des énergies qui puisent leur puissance de leur alignement. La puissance exceptionnelle des énergies que nous donne notre liberté d'agir et de penser ne produit plus de direction de marche qui nous permette d'aller plus vite et plus efficacement sur les chemins de notre salut, parce qu'elles avancent sans tête au seul gré de la volonté de chacun. Cela produit de temps à autre des accélérations historiques, parce que la volonté de l'un s'aligne par chance ou calcul avec un désir sociétal que les uns diront de marché, mais nous acceptons ainsi de laisser nos sociétés errer au seul vent du marché, qui n'offre pas de crédit particulier à la valeur collective des désirs et ne permet pas, de ce fait, aux enjeux de bien commun de disposer de la puissance suffisante, au contraire des totalitarismes, qui utilisent justement l'artifice du bien commun, d'une idéologie, ou d'un territoire ou d'un peuple, pour imposer une fédération d'énergies aussi puissante que dangereuse.

Cette pirouette de l'histoire est un signal pour nos sociétés qu'il est désormais impératif de traiter, si nous ne voulons pas courir le risque de disparaître derrière le premier populisme venu.

Et il est à espérer que le retour tonitruant de Trump aux affaires soit effectivement capable de nous donner le coup de pied de l'âne nécessaire pour que la bascule vienne.

L'opportunité géopolitique européenne

La situation géopolitique est devenue critique pour l'Europe, forçant de fait une accélération de notre processus d'autonomisation sur les sujets clefs qui font notre indépendance : énergie, alimentaire et défense.

Le paradoxe de notre monde est que, si la nécessaire transition énergétique ne change pas le rapport de l'Europe à l'énergie, il élargit simplement la palette de ses accès et sa capacité à choisir ses dépendances. Les formes d'énergies sont plus ouvertes, les sources d'importations aussi, et surtout souvent plus proches, notamment sur le pourtour méditerranéen, avec les immenses potentiels notamment marocain, tunisien, égyptien et algérien.

Surtout, l'économie du renouvelable est une économie circulaire qui ne dit pas son nom, une économie d'actif, dont le coût variable est nul, si ce n'est l'amortissement des capitaux engagés pour stocker le flux des énergies renouvelables disponibles.

Même si l'Europe ne dispose pas des meilleures capacités de couvrir ses besoins en énergie renouvelable, parce que c'est long et sera plus cher que l'import à bien des égards, notamment des pays du Sud mieux exposés et dotés de territoires vierges plus facilement exploitables, elle pourra quand même progressivement se doter d'infrastructures lui procurant un accès indépendant et autonome d'une partie renforcée de ses besoins. Si l'on considère que les besoins en uranium de l'énergie nucléaire peuvent être correctement sécurisés et diversifiés, le complément apporté par l'énergie nucléaire renforce cette possibilité.

L'énergie renouvelable permet aussi de sanctuariser l'accès aux engrais et fertilisants critiques pour une agriculture raisonnée et moins polluante, donc plus vertueuse (même si ce n'est qu'une étape vers une bascule écologique plus radicale).

Ainsi, l'Europe peut voir se dessiner, au nom de la sécurité énergétique dont elle a aussi besoin pour alimenter à terme ses industries de défense, une accélération de son agenda puisque par ailleurs tout gain de sobriété sert notre balance commerciale et notre souveraineté. Si nous parvenions en effet à réduire d'un tiers notre besoin énergétique net, tout en convertissant le reste (plus efficacité), ce sont plusieurs centaines de milliards d'euros par an qui seraient libérés pour autre chose, compenser une partie de la hausse des énergies durables, mais surtout projeter notre société vers de nouveaux modèles de valeur et de puissance.

Comme l'Europe reste de loin le premier donneur d'ordre (avec la Chine) sur les importations mondiales d'énergie, elle dicte peu ou prou les dynamiques de transition des autres continents. Car tous ceux-ci renforcent leur autonomie en complétant une situation très forte en énergie fossile par les débouchés du renouvelable (États-Unis, Canada, Australie, Proche et Moyen-Orient, Russie, plusieurs pays africains), pour devenir potentiellement de véritables puissances énergétiques (Amérique du Sud, Afrique subsaharienne, Maghreb, Chine). Seuls le Japon, la Corée, Taïwan, Singapour et l'Europe restent en situation de précarité énergétique.

Mais, au nom de la sécurité, l'agenda européen peut dynamiser le développement de l'offre renouvelable et jeter les bases d'une économie énergétique plus circulaire et à terme moins dépendante des frictions géopolitiques. Les enjeux de compétitivité sont relatifs, en ce qu'une partie de l'énergie renouvelable est devenue aujourd'hui compétitive au regard des énergies fossiles, quand le renforcement des réseaux électriques d'un côté et le développement des réseaux de gaz propre ou d'hydrogène de l'autre permettent de mieux connecter les zones d'offre et de demande d'énergie et de réduire les problèmes d'intermittence. Enfin, l'évolution erratique des prix sur les marchés du pétrole et du gaz et l'impact de ces importations sur les balances commerciales de nos économies devraient être progressivement réduits.

Une deuxième étape de cette dynamique passe dans l'imagination de ce que sera un modèle économique vertueux, entre l'hégémonie américaine sur le digital, qu'il est difficile de rattraper, et la domination industrielle chinoise, qui aspire le reste du monde avec elle et devra donc recréer des zones de production hors de son territoire pour espérer garder des marchés porteurs.

Ainsi, l'Europe peut porter la promesse d'un modèle de valeur moins « productif », plus « agile », axé sur les échanges et les services, attractif pour les autres pays du monde, capable à la fois de renforcer la demande, qui est une demande très intensive en emplois, et accroître sa solvabilité, par la qualité de nos infrastructures de vie à mieux valoriser. Il est ainsi probablement nécessaire de mieux taxer, fiscaliser ou faire payer à ceux qui viennent en Europe la valeur de ce qu'ils trouvent et d'arrêter de regarder comme des coûts la somme considérable d'énergie et d'actifs qui constituent aujourd'hui le socle de notre vivre ensemble. Ce qui manque pour avancer sur ce cap, c'est un travail de modélisation économique qui soit capable de figurer proprement ce que veut dire une production de richesse qui ne soit plus indexée sur la productivité du travail et l'utilisation abondante et illimitée des ressources (énergie et matières premières), mais sur la valeur des échanges de services et de prestations entre les individus, un mélange de sous-jacent digital (où réside de la productivité par la technologie) et de sous-jacent purement sociétal, dont la mesure de la valeur n'est pas une fonction inverse du temps d'échange, mais parfois une fonction croissante de celui-ci. C'est un sujet complexe car les logiques de productivité qui régissent nos modèles économiques et dépendent pour croître de l'épuisement d'énergies, de matière et du temps d'autrui, doivent être presque inversées. À cette date, si les premières pierres de modélisation théorique d'une société de « maturité économique » (ou de « recroissance » pour défendre l'idée de nouveaux vecteurs de croissance de notre « pouvoir de vivre », au-delà du « pouvoir d'achat ») sont très probablement posées, elles peinent encore à traverser les débats d'experts pour participer de plain-pied du débat public, sans être caricaturées. C'est un dilemme, car on ne peut pas vouloir changer le monde et ralentir sans être capable de proposer une méthode qui ne réduise pas le sentiment de richesse et la plénitude à vivre d'une société, mais sache les redéfinir de manière crédible. Si nous trouvons le secret, c'est le cap d'un futur sociétalement avancé et donc la base d'un leadership réaffirmé qui sont devant nous.

Trump, de son côté, pourrait bien laisser une Amérique plus fossile que jamais, endettée et inflationniste, dont le taux de chômage et la concorde seront les indicateurs avancés de son échec ou de son succès.

Dans tous les cas, le président américain montre à l'Europe ce qui l'attend si elle n'assume pas le rôle que la maturité de son histoire lui propose pour définir les bases d'une renaissance de nos sociétés.

Conclusion
Faire l'histoire ? Une question de tempo

Nous sommes entrés progressivement dans l'ère des climanomics, autrement dit dans une époque où vont être profondément révisés les règles des politiques publiques, le rapport à la microéconomie et le rapport à nos valeurs individuelles qui, à condition d'être combinées, permettent de mettre la société en marche vers un modèle de développement plus vertueux.

Nos approches vont se transformer dans trois domaines : la politique publique, la politique économique et la vision anthropologique et individuelle du bonheur.

Les politiques publiques ont commencé par des plans climat très importants, mais elles n'ont pas encore acté la nécessité de les exécuter sans toucher aux autres besoins collectifs et, conséquence de ce manque d'allant, la dynamique géopolitique générale n'est pas suffisante. Nous ne sommes pas encore entrés dans une approche énergétique plus dirigiste assumée partout pour forcer les acteurs économiques et individuels à revisiter leurs modèles en aidant les citoyens les plus fragilisés à basculer.

Quant à la politique économique, les signaux réglementaires, budgétaires, l'appétit des jeunes générations pour les sujets durables, mais aussi la baisse des coûts de revient du secteur de l'énergie renouvelable sont autant de signaux d'une évolution du marché, qui n'est cependant pas encore assez rapide, assez forte et assez massive partout.

Enfin, nous allons devoir repenser notre conception anthropologique et individuelle de ce qu'est un citoyen comblé. Elle évolue déjà, par étapes, mais pas partout. Quelques pratiques se transforment, le recyclage, l'économie circulaire, l'agriculture biologique se diffusent, aussi l'activisme altermondialiste. Cela reste marginal, car de l'autre côté les voyages de masse, les SUV, l'intelligence artificielle et les autres nouveaux outils digitaux progressent et nous isolent. Enfin, les métiers de services auprès des personnes les plus fragiles restent moins bien valorisés et les pistes de valeur portées par la dimension digitale de ces métiers sont trop largement captées par les GAFAM.

Cependant, la dynamique est là, ou du moins ses ferments. Il faut comprendre que cette pente, subtile, qui utilise le marché pour mieux s'en affranchir ou à tout le moins contrôler ses dérives, est la bonne.

La tâche est difficile, car elle relève de fait d'une forme d'approche du « en même temps », avec une méthode de gouvernement qui s'appuiera sur une autorité renforcée, elle réussira si elle combine ces trois forces dans le même sens.

Somme toute, il s'agit de savoir si nous sommes encore capables, collectivement, de faire l'histoire, ou si nous laissons l'histoire se faire sans nous, si les hommes renoncent et laissent le monde avancer comme il va. Pour cela, il faut avoir l'ambition de changer le tempo de notre dynamique et de nos engagements.

La capacité d'expliquer ce qui fait l'histoire, ce qui façonne les tendances lourdes de nos sociétés, longues trajectoires et disruptions brutales, reste toujours ardemment débattue, à la fois en fonction du pas de temps considéré et de l'angle d'analyse. Il est ainsi toujours aisé de relativiser le poids de chaque génération et, en son sein, de chaque groupe ou même de chaque personnage, dans la fabrication de la trajectoire historique d'un territoire, d'un peuple, d'un continent.

Mais il est aussi possible de considérer que des ruptures technologiques, scientifiques, politiques et parfois même économiques ont eu un impact rapide et réel en changeant ou accélérant le cours apparemment prévisible des choses et des affaires du monde. Ainsi, à court terme les mouvements étudiants dans les années 1960 ont contribué à faire bouger les lignes des mœurs et probablement initié consciemment ou non la longue vague des révolutions du genre et la profonde transformation de notre rapport à la liberté d'être, de procréer, d'aimer et de mourir. Ainsi, plus avant dans le siècle dernier, les premiers pas de l'automobile à l'aube du XXe siècle et son essor avec l'exploration pétrolière ont façonné notre modèle énergétique et économique moderne, avec les enjeux climatiques qui en découlent. Ainsi, plus récemment, des aventures entrepreneuriales des artisans de nos révolutions digitales, au départ motivées par des logiques économiques, ouvrent désormais vers une société et des modèles idéologiques très différents. Ainsi, la saga de personnages singuliers offre un dernier exemple, comme Elon Musk, qui initie de manière structurelle à la fois l'ère électrique dans la mobilité et l'avènement de l'activisme politique des entrepreneurs multimilliardaires et libertariens et marque le retour de l'ère des ploutocraties.

Cette dynamique d'une histoire qui bouge au gré d'aventures économiques sans dessein politique ou social initial semble structurante[1], quand les débuts du siècle précédent restaient profondément agencés autour des affrontements idéologiques.

Francis Fukuyama y verrait finalement la confirmation de sa thèse sur la fin de l'histoire[2]. Sauf que la guerre n'est pas terminée et que le monde « libre » occidental ne peut pas s'enorgueillir d'une victoire glorieuse : nous assistons en réalité à l'affrontement de modèles entrepreneuriaux capitalistes et de modèles nationalistes et autoritaires dans les grandes géographies non occidentales. Et entre ces deux modèles – le premier, globalement soucieux des enjeux de long terme mais sans véritable tête politique, et le second, peu soucieux d'élaborer un projet pour la planète – se déploie le seul sujet qui entraîne irréversiblement dans une longue chute l'ensemble du monde : le climat et la biodiversité.

Qu'est-ce alors que faire l'histoire, si ce n'est, pour les êtres humains, se doter des moyens de déjouer ce qui doit advenir, ce qui semble irréversible, quand on a acquis le savoir, les technologies et les modèles économiques qui permettraient de l'éviter ?

Dans un contexte où seules les logiques économiques semblent capables d'engendrer des ruptures ou des

1. On pourra lire sur ce point l'entretien fleuve de Curtis Yarvin dans une séquence récente du *Grand Continent*.

2. Francis Fukuyama, *La fin de l'histoire et le dernier homme*, Paris, Flammarion, 1992.

disruptions dans le monde occidental, et où les empires autocentrés et repliés des continents-mondes semblent d'abord soucieux d'eux-mêmes, quelles sont les forces de bascule qui peuvent nous donner à croire qu'il est encore possible de déjouer l'irréversible et donc de déjouer la fatalité historique ? Sur qui pouvons-nous compter pour que tout ce qui a été listé d'enjeux au fil de ces pages, puisse effectivement advenir ?

Les jeunes d'abord, car eux seuls semblent dotés de cette capacité d'indignation pure qui soulève les cœurs et fait trembler les parents et l'ensemble du corps social. Cependant, si, seuls, ils peuvent secouer, ils ne peuvent pas réorienter. Les agrégations de bonnes volontés, le GIEC ou autres groupements résolus, aussi, mais qui n'apportent que la force de leur savoir, sans disposer des leviers suffisants pour actionner irréversiblement les mutations.

Les politiques du monde « libre » ? L'agenda qui pourrait leur offrir l'histoire est trop long à leur goût. Ils sont voués à lancer des pistes qui adviendront après eux, rendant peu utile une vraie politique de responsabilité devant l'histoire longue.

Les leaders économiques ? Tant que les entrepreneurs les plus puissants ne chercheront la disruption que sous l'angle économique, nous avancerons à tâtons vers une dystopie techno-libertarienne qui ne sauvera que les très riches.

Quant aux grands dirigeants d'entreprise, tant qu'ils limiteront leur responsabilité et leur leadership à l'exécution efficace du principe de performance exigé par l'actionnaire, ils contribueront peu au temps long de l'histoire. Peut-être, après tout, est-ce le cadet de leurs soucis.

Le paradoxe vient donc de ce que le libéralisme politique ait permis l'émergence du règne de la raison, au nom du respect de la diversité des opinions fondées sur le savoir scientifique à la source des idées, mais que le libéralisme économique qui l'accompagne et le dépasse désormais n'est mû par aucun dessein, mais seulement par le projet étriqué de la création de valeur au point de façonner des projets, des produits et des modèles sociaux dont l'essence même n'a plus de rapport avec ce que la raison collective commande aux sociétés de faire : juger, comprendre, voir plus loin et projeter les sociétés humaines vers un destin choisi.

Ainsi, le politique voit son champ de puissance rétréci dans le temps et dans l'espace social, quand l'économique qui a le pouvoir de changer nos modèles de vie et de rapport au monde, à l'énergie et au vivant, ne se donne pas la peine d'élever ses projets par une conception politique ou sociale, pis, ne voit aucune incitation à le faire.

La ruse de la raison est d'avoir doté la rationalité économique d'un cynisme associé à un refus du temps long, qui annihile toute capacité de déjouer les séquences de long terme par le refus de principe d'une gouvernance morale qui lui serait supérieure.

Cette situation donne malheureusement raison aux systèmes totalitaires, qui remettent dans l'ordre les passions en recentrant les énergies et le corps social sur des impératifs qui ne sont plus seulement économiques. Bien que condamnables au regard de l'aspiration démocratique, ils rappellent que les hommes ne savent pas déjouer l'histoire si on ne le fait pas pour eux !

Autrement dit, à laisser le marché libre d'épouser les seules forces du présent, on prend la ligne de plus grande pente vers le chaos, mais en chantant... quand les continents totalitaires pensent faire leur histoire en se détachant du socle commun de la planète (quoique cela ne soit factuellement pas le cas pour la Chine, investissant dans les actifs bas carbone) et donc entraînent leurs peuples aussi vers le chaos, mais en pleurant.

La seule hypothèse qui pourrait déjouer cette uchronie en marche serait d'imaginer que nos leaders contemporains soient capables, dans l'ordre du politique et l'ordre économique, d'effectivement agir, mus par l'éthique de conviction prônée par Weber : qu'ils décident d'aller au-delà de conceptions strictes et corsetées de leurs missions, précisément pour la raison même que l'essence du leadership nécessite de projeter les organisations vers l'horizon que l'on veut donner à l'histoire. Cela crée une tension et une projection qui pousse les lignes et fait avancer les débats. La verticalité permet cela, lorsque l'intention est claire et si la volonté générale suit. Notre rapport, en tant que citoyens français et européens, à la question de la verticalité de la décision sur ces sujets qui ne souffrent plus d'attendre, non seulement du fait du climat, mais aussi du fait de ce que font les autocraties autour de nous, est essentiel si nous voulons sortir de l'ornière et sauver du même coup aussi nos démocraties.

Dans chaque sphère du corps social, cela débouche sur des décisions significatives qui ont été esquissées plus haut. Pour l'Europe et les grands pays ou continents émetteurs, des politiques monétaires dédiées et le déploiement d'infrastructures permettront une dynamique comparable dans son ampleur et ses impacts à plusieurs plans Marshall. Des gouvernances simplifiées pour déployer les actifs d'un système énergétique décarboné et une coordination internationale resserrée pour mettre en œuvre une émission monétaire dédiée au financement de ces bascules, notamment dans les pays les plus pauvres et dépendant de ressources fossiles pour leur développement. Une plus grande fermeté dans l'orientation du marché, pour s'assurer que l'alignement des énergies et des investissements s'organise en faveur des énergies de demain.

Un débat et des mesures sociétales et politiques pour accompagner une bascule forcée vers des modèles énergétiques bas carbone, assortis de politiques sur l'usage de l'énergie qui progressivement resserrent l'éventail des énergies nécessaires ou luxueuses et des pratiques à modérer ou supprimer. Nous ne sommes qu'au début de cette profonde évolution de nos relations à l'énergie et à ce qu'elle nous donne ou ne nous donne pas, et le débat politique devrait de plus en plus se déplacer sur ces sujets.

Ces approches nécessitent dans chaque sphère un leadership de conviction, qui engage avec lui une dynamique qui n'est pas de continuité mais de rupture avec les canons de valeurs, les *business models* ou les raisonnements politiques traditionnels. C'est uniquement à cette aune que la société dans son ensemble peut bouger.

Dans tous les cas, cela signifie sortir du rang et se mettre au niveau de l'histoire. Il ne tient qu'à nous.

Merci aux deux Pierre, l'éditeur et l'ingénieur, pour leurs relectures croisées, merci à Muriel pour l'accompagnement de structuration, et aux quelques amis proches qui ont accepté cet effort de lecture critique et amicale, Christopher, les deux Emmanuel, Gael et Philippe, et mes deux filles chéries Mathilde et Émeline. Et ce merci de chaque jour à Catherine qui accompagne de tout temps avec calme et apaisement mes états d'âme à dire ce que je crois.

Table des matières

Pour limiter l'empreinte environnementale de leurs livres,
les éditions de l'Aube font le choix de papiers
issus de forêts durablement gérées et de sources contrôlées.

Achevé d'imprimer en juillet 2025
sur les presses de l'imprimerie Firmin-Didot
pour le compte des éditions de l'Aube
331, rue Amédée-Giniès, F-84240 La Tour-d'Aigues

Numéro d'édition: 6835
Dépôt légal: août 2025
Numéro d'impression: 184660

Imprimé en France